普通高校对口招收中等职业学校毕业生考试备考丛书

数　学

对口升学考试备考丛书编写委员会　编

電子工業出版社
Publishing House of Electronics Industry
北京·BEIJING

内容简介

为帮助参加参加普通高校对口招收中等职业学校毕业生考试的考生夯实基础，巩固知识，提高应试能力，我们组织编写了“普通高校对口招收中等职业学校毕业生考试备考丛书”。本试卷完全按照四川省普通高校对口招收中等职业学校毕业生考试试卷设计，题型、题量、分值等均与考试真题完全一致。本试卷类型较为全面，基本涵盖大纲要求的各类考点，有些略超考纲的知识点和难度要求，能够较为全面地考查学生对所学知识的掌握度，达到备考目的。本试卷旨在使考生强化基础落实，透析考情考向，提升解题技能，规范表达流程，切实提高实战水平。

图书在版编目（CIP）数据

数学 / 对口升学考试备考丛书编写委员会编. —北京：电子工业出版社，2016. 11
（普通高校对口招收中等职业学校毕业生考试备考丛书）
ISBN 978-7-121-29910-0

Ⅰ. ①数…　Ⅱ. ①对…　Ⅲ. ①数学课-中等专业学校-升学参考资料　Ⅳ. ①G634. 603

中国版本图书馆 CIP 数据核字（2016）第 221846 号

策划编辑：柴　灿
责任编辑：郝黎明
印　　刷：保定市中画美凯印刷有限公司
装　　订：保定市中画美凯印刷有限公司
出版发行：电子工业出版社
北京市海淀区万寿路 173 信箱　邮编 100036
开　　本：787×1 092　1/8　印张：6　字数：165. 6 千字
版　　次：2016 年 11 月第 1 版
印　　次：2016 年 11 月第 1 次印刷
定　　价：26. 00 元

凡所购买电子工业出版社图书有缺损问题，请向购买书店调换。若书店售缺，请与本社发行部联系，联系及邮购电话：（010）88254888，88258888。

质量投诉请发邮件至 zlts@ phei. com. cn，盗版侵权举报请发邮件至 dbqq@ phei. com. cn。

本书咨询联系方式：liujia@ phei. com. cn。

前言

为了帮助参加普通高校对口招收中等职业学校毕业生考试的广大中等职业学校的考生升入理想大学，我们邀请了一批资深教研员，以及国家级重点职业学校的具有丰富教学工作经验的一线名师，虚心听取师生的意见与建议，在深入研究考试说明的基础上，精心编写了模拟试卷，方便参加考试的考生复习备考使用。

为了使本套模拟试卷具有针对性、科学性和高效性，我们对近几年考试的真题进行了详细分析，深入解读考什么、怎么考，聚焦真题热点、高频考点，注意命题角度和题型变化，博采众长，反复斟酌，探索命题规律，预测命题趋势，试题以真题为模板，力求每套模拟试卷考点覆盖、梯度难度均与真题接轨。

本套丛书具有如下特点。

编委阵容强大：编者均系资深教研人员和国家级中职改革发展示范校及国家级重点中等职业学校的一线骨干教师，具有丰富的复习教学经验，并常年真题的命题方向。

编写体系成熟：本套丛书严格按照最新的考试说明进行编写，宏观布局，细部优化，科学总结命题规律，精确预测命题趋势。为提高本套丛书的质量，特聘请资深专家严格把关。

编写内容齐全：内容涵盖了最新考试说明中要求掌握的全部考点，知识覆盖全面，题型覆盖全面。同时，以训练为主线，以考点为核心，题目新颖，具有很强的导向性。

本套丛书集权威性、科学性、实用性和前瞻性于一体，是考试说明的权威解读，为一线名师心血的结晶，是参加考试的考生复习备考时的必备指导用书。同时，可登录电子工业出版社华信教育资源网（http://www.hxedu.com.cn/）下载答案及答题卡其他相应资料。

由于编写时间仓促，在编写过程中难免有不妥之处，恳请同行专家不吝指正，欢迎广大师生提出宝贵意见，并将此信息反馈到电子工业出版社（邮箱：liujia@phei.com.cn），以使本套丛书不断完善。

对口升学考试备考编写委员会

目录

数学编委会

本书主编：覃祥忠　邓高龙

本书副主编：向　萍　张明远　李洪江

本书参编：陈守川

学校：________ 班级：________ 姓名：________ 准考证号：________

（请不要在密封线内答题）

模拟综合试卷（一）

本试卷分第Ⅰ卷和第Ⅱ卷．考生作答时，须将答案写在答题卡上，在本试卷、草稿纸上答题均无效．满分 150 分．考试时间 120 分钟．考试结束后，将本试卷和答题卡一并交回．

第Ⅰ卷（共 60 分）

一、选择题（每题 4 分，共 60 分．每题所给的四个选项中，只有一个正确答案，请在答题卡上将该项涂黑）

1. 不等式 $(x+3)(x-1)<0$ 的解集是（　　）．

A. $\{x\mid x<-3\}$　　B. $\{x\mid x<1\}$

C. $\{x\mid -3<x<1\}$　　D. $\{x\mid x<-3$ 或 $x>1\}$

2. 函数 $y=2\sin 6x$ 是（　　）．

A. 周期为$\frac{\pi}{3}$的奇函数　　B. 周期为$\frac{\pi}{3}$的偶函数

C. 周期为 π 的奇函数　　D. 周期为 π 的偶函数

3. 已知 $0<a<b<1$，则（　　）．

A. $0.2^a<0.2^b$　　B. $2^a>2^b$　　C. $\log_{0.2}a>\log_{0.2}b$　　D. $\log_a b>1$

4. 等差数列 $\{a_n\}$ 的通项公式是 $a_n=-3n+2$，则公差 d 是（　　）．

A. −4　　B. −3　　C. 3　　D. 4

5. 已知向量 $\boldsymbol{a}=(-3,2)$ 与向量 $\boldsymbol{b}=(6,\lambda)$ 共线，则 λ 的值为（　　）．

A. 1　　B. −1　　C. 4　　D. −4

6. 已知等差数列 $\{a_n\}$ 的前 8 项和为 120，则 $a_4+a_5=$（　　）．

A. 10　　B. 20　　C. 30　　D. 40

7. 正三棱柱的底面边长为 6，侧棱长为 3，则正三棱柱的体积为（　　）．

A. $3\sqrt{3}$　　B. $9\sqrt{3}$　　C. $27\sqrt{3}$　　D. 27

8. $\overrightarrow{AB}+\overrightarrow{AD}-\overrightarrow{DB}$等于（　　）．

A. $2\overrightarrow{AB}$　　B. $2\overrightarrow{AD}$　　C. $\mathbf{0}$　　D. $2\overrightarrow{AC}$

9. 已知函数 $f(x)=\frac{k}{x}+k(k\neq 0)$，且 $f(1)=2$，则 $f(2)=$（　　）．

A. 0　　B. 1　　C. $\frac{3}{2}$　　D. 2

10. 从 5 名医生和 8 名护士（其中一人为护士长）中选派 2 名医生和 3 名护士，由护士长带队支援某乡村医院，选派方式有（　　）．

A. 120 种　　B. 210 种　　C. 105 种　　D. 240 种

11. 实轴长为 6，离心率为$\frac{5}{3}$，焦点在 y 轴上的双曲线的标准方程是（　　）．

A. $\frac{x^2}{16}+\frac{y^2}{9}=1$　　B. $\frac{x^2}{16}-\frac{y^2}{9}=1$

C. $\frac{y^2}{9}-\frac{x^2}{16}=1$　　D. $\frac{x^2}{36}-\frac{y^2}{64}=1$

12. 下列各点中，在曲线 $x^2-xy+2y+1=0$ 上的是（　　）．

A. $(-1,2)$　　B. $(1,-2)$　　C. $(2,-3)$　　D. $(3,6)$

13. 抛物线 $y=ax^2$ 的准线方程为 $y=2$，则 a 的值为（　　）．

A. $\frac{1}{8}$　　B. $-\frac{1}{8}$　　C. 8　　D. −8

14. $\log_3 5$ 与 $\log_5 3$ 的大小关系是（　　）．

A. $\log_3 5>\log_5 3$　　B. $\log_3 5<\log_5 3$

C. $\log_3 5=\log_5 3$　　D. 不能比较大小

15. $\left(x-\frac{1}{x^2}\right)^9$ 展开式中的常数项是（　　）．

A. $-C_9^3$　　B. C_9^3　　C. $-C_9^2$　　D. C_9^2

第Ⅱ卷（共 90 分）

二、填空题（每题 4 分，共 20 分．把答案填写在题中的横线上）

16. 已知离散型随机变量 ξ 的概率分布如表，则 p_3 的值为________．

ξ	−2	−1	1	3
P	$\frac{1}{2}$	$\frac{1}{6}$	p_3	$\frac{1}{12}$

17. 顶点在原点，坐标轴为对称轴，准线过椭圆 $\frac{x^2}{15}+\frac{y^2}{9}=1$ 左焦点的抛物线方程为________．

18. $2\log_5 10+\log_5 0.25=$________．

19. 函数 $y=\sqrt{3+2x-x^2}$ 的递增区间是________．

20. 已知 $2\sin\alpha=\cos(\pi+\alpha)$，则$\frac{\sin\alpha\cos\alpha}{1+\cos^2\alpha}$的值是________．

三、解答题（本大题共 6 题，共 70 分．解答应写出文字说明、证明过程或推演步骤）

21. （10 分）已知 $9^x=\sqrt{3}^{x+2}$，求$\left(\log_2\frac{1}{x}+\log_2 6\right)\div\log_2\frac{x}{2}+\left(\frac{1}{8}\right)^{-x}+x^{\log_3 9}$的值．

22. （10 分）二次函数图像过原点，当 $x=\frac{1}{3}$ 时有最小值，且与直线 $2x-y+4=0$ 的一交点的纵坐标为 8，求此二次函数的解析式.

23. （12 分）已知平行四边形 $ABCD$ 的三个顶点坐标为 $A(7,5)$，$B(2,3)$，$C(1,-9)$.

（1）求证：$AB\perp BD$；

（2）计算平行四边形 $ABCD$ 的面积.

24. （12 分）如图所示，矩形 $ABCD$ 中，$AB=6$，$AD=3$，E，F 是 BD 的三等分点.

（1）用向量知识证明 $AECF$ 是平行四边形；

（2）用向量知识求 $\angle EAF$ 的余弦值.

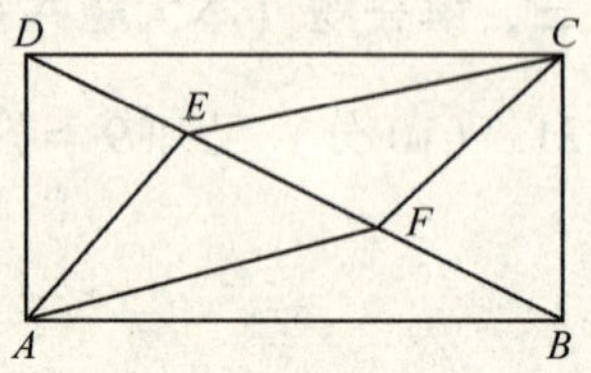

25. （13 分）如图所示，$ABCD$ 是平行四边形，S 是平面 $ABCD$ 外一点，M 是 SD 的中点，$SA=BC$，$SC=AB$. 求证：

（1）$SB\parallel$ 平面 AMC；

（2）平面 $AMC\perp$ 平面 SCD.

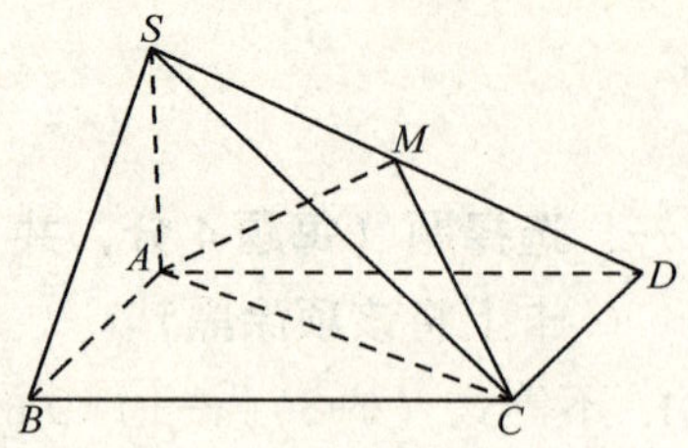

26. （13 分）设经过点 $A(1,\ -2)$ 且开口向右的抛物线与直线 OA 的平行线相交于 B，C 两点，已知 A 到直线 BC 的距离为 $\frac{12\sqrt{5}}{5}$.

（1）求抛物线的标准方程；

（2）求直线 BC 的方程.

准考证号：________ 姓名：________ （请不要在密封线内答题） 班级：________ 学校：________

模拟综合试卷（二）

本试卷分第Ⅰ卷和第Ⅱ卷. 考生作答时，须将答案写在答题卡上，在本试卷、草稿纸上答题均无效. 满分150分. 考试时间120分钟. 考试结束后，将本试卷和答题卡一并交回.

第Ⅰ卷（共60分）

一、选择题（每题4分，共60分. 每题所给的四个选项中，只有一个正确答案，请在答题卡上将该项涂黑）

1. 不等式$|x-1|<1$的解集是（　　）.

A. $(-\infty, 2)$　　B. $\varnothing$

C. $(-\infty, -2)\cup(0, +\infty)$　　D. $(0, 2)$

2. 已知向量$\overrightarrow{AB}=(a, 1)$，且$|\overrightarrow{AB}|=\sqrt{5}$，则$a=$（　　）.

A. 2　　B. −2　　C. ±2　　D. $\pm2\sqrt{6}$

3. 下列函数中在$(0, +\infty)$上是减函数的是（　　）.

A. $y=\sqrt[3]{x}$　　B. $y=-x^3$　　C. $y=\log_3 x$　　D. $y=\cos 3x$

4. 在等差数列$\{a_n\}$中，已知$a_3=7$，$d=10$，则$a_{13}=$（　　）.

A. 97　　B. 107　　C. 117　　D. 127

5. 在$\triangle ABC$中，已知$a=3$，$b=\sqrt{7}$，$c=2$，则$\angle B=$（　　）.

A. $\frac{\pi}{6}$　　B. $\frac{\pi}{4}$　　C. $\frac{\pi}{3}$　　D. $\frac{2\pi}{3}$

6. 已知等比数列$\{a_n\}$的公比$q=\frac{1}{2}$，前n项和$S_n=90$，$a_n=6$，则$a_1=$（　　）.

A. 183　　B. 42　　C. 177　　D. 48

7. 若$\sin\theta\cos\theta>0$，则θ在（　　）.

A. 第一、第二象限　　B. 第一、第三象限

C. 第一、第四象限　　D. 第二、第四象限

8. $\tan300°+\cot405°$的值为（　　）.

A. $1+\sqrt{3}$　　B. $1-\sqrt{3}$　　C. $-1+\sqrt{3}$　　D. $-1-\sqrt{3}$

9. 已知向量$\boldsymbol{b}=(3,4)$，$\boldsymbol{c}=(2,-1)$，若向量$\boldsymbol{b}+\lambda\boldsymbol{c}$与$\boldsymbol{c}$互相垂直，则实数$\lambda$的值是（　　）.

A. $\frac{1}{2}$　　B. $\frac{3}{23}$　　C. 2　　D. $-\frac{2}{5}$

10. 过点$(2,1)$且斜率为$-\frac{1}{3}$的直线方程是（　　）.

A. $x+3y+5=0$　　B. $3x+y+5=0$

C. $x+3y-5=0$　　D. $3x+y-5=0$

11. 函数$y=3\sin\left(2x-\frac{\pi}{6}\right)$的图像是$y=3\sin2x$图像平移向量$\boldsymbol{a}$的结果，则$\boldsymbol{a}=$（　　）.

A. $\left(\frac{\pi}{6}, 0\right)$　　B. $\left(-\frac{\pi}{6}, 0\right)$

C. $\left(\frac{\pi}{12}, 0\right)$　　D. $\left(-\frac{\pi}{12}, 0\right)$

12. 函数$f(x)=\log_{5-a^2}x$在$(0,+\infty)$上是单调增函数，则a的取值范围是（　　）.

A. $(-2,2)$　　B. $(0,2)$　　C. $(2,+\infty)$　　D. $(4,5)$

13. $\lg x=1-\lg2$，则$x=$（　　）.

A. $\frac{1}{2}$　　B. 5　　C. $\sqrt{2}$　　D. 8

14. 与$\odot C$：$x^2+y^2-6x+2y=26$同圆心，半径是$\odot C$半径一半的圆的标准方程是（　　）.

A. $(x+3)^2+(y-1)^2=36$　　B. $(x-3)^2+(y+1)^2=36$

C. $(x-3)^2+(y+1)^2=9$　　D. $(x+3)^2+(y-1)^2=9$

15. 双曲线$9x^2-4y^2=36$的渐近线方程是（　　）.

A. $3x\pm2y=0$　　B. $2x\pm3y=0$

C. $9x\pm4y=0$　　D. $4x\pm9y=0$

第Ⅱ卷（共90分）

二、填空题（每题4分，共20分. 把答案填写在题中的横线上）

16. 函数$y=\sqrt{|2-x|-3}$的定义域是________.

17. 已知$\triangle ABC$的顶点$A(2,3)$和重心$G(2,-1)$，则BC边中点的坐标是________.

18. 若$\tan(\alpha+\beta)=-\frac{1}{3}$，$\tan\beta=2$，则$\tan\alpha=$________.

19. 从某市5 000份初中毕业数学试卷中随机抽取400份试卷，其中有360份成绩合格，估计全市数学成绩合格的人数约为________.

20. 双曲线$4x^2-\frac{y^2}{9}=1$的渐近线方程是________.

三、解答题（本大题共6题，共70分. 解答应写出文字说明、证明过程或推演步骤）

21. （10分）求函数$f(x)=\sqrt{1-\left(\frac{2}{3}\right)^x}+\lg\frac{3x-1}{x-2}$的定义域.

22. (10分) 已知数列 $\{a_n\}$ 是等差数列，$a_1=1$，$S_{10}=100$.

(1) 求通项 a_n；

(2) 设 $a_n=\log_2 b_n$，求证数列 $\{b_n\}$ 是等比数列.

23. (12分) 已知 α 为锐角，且点 $(\cos\alpha, \sin\alpha)$ 在曲线 $6x^2+y^2=5$ 上.

(1) 求 $\cos 2\alpha$ 的值；

(2) 求 $\tan\left(2\alpha-\frac{\pi}{4}\right)$ 的值.

24. (12分) 某企业生产的新产品必须先靠广告来打开销路，该产品的广告效应是产品的销售额与广告费之间的差，如果销售额与广告费的算术平方根成正比，根据市场抽样调查显示，每付出100元广告费，所得到的销售额是1 000元. 问该企业应投入多少广告费，才能获得最大的广告效应？是不是广告做得越多越好？

25. (13分) 如图所示，已知长方体 $ABCD-A_1B_1C_1D_1$ 的体积为32，且 $AB=BC=2AA_1$，求：

(1) 长方体的表面积；

(2) 二面角 $A-B_1D_1-A_1$ 的正切值.

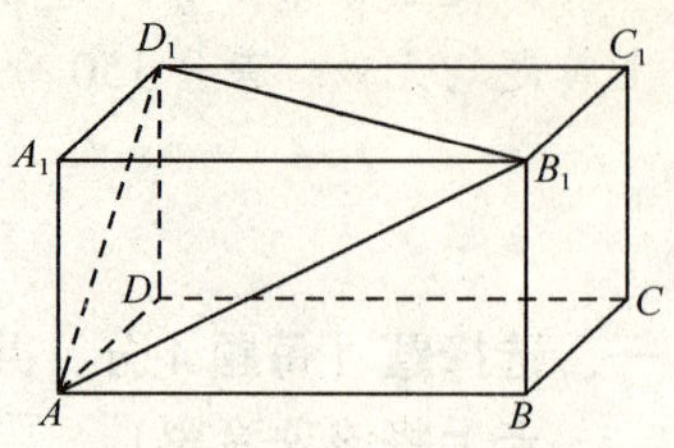

26. (13分) 已知双曲线的中心在原点，焦点 F_1，F_2 在坐标轴上，离心率 $e=\sqrt{2}$，且过点 $(-3,1)$.

(1) 求双曲线的方程；

(2) 若点 $M(2\sqrt{3},m)$ 在双曲线上，求证：$MF_1\perp MF_2$；

(3) 求$\triangle MF_1F_2$ 的面积.

学校：________ 班级：________ 姓名：________ 准考证号：________

（请不要在密封线内答题）

模拟综合试卷（三）

本试卷分第Ⅰ卷和第Ⅱ卷．考生作答时，须将答案写在答题卡上，在本试卷、草稿纸上答题均无效．满分150分．考试时间120分钟．考试结束后，将本试卷和答题卡一并交回．

第Ⅰ卷（共60分）

一、选择题（每题4分，共60分．每题所给的四个选项中，只有一个正确答案，请在答题卡上将该项涂黑）

1. 设集合 $A=\{x\in \mathbf{N}^*|\ x<5\}$，$B=\{2,3,4\}$，则 $A\cup B$ 是（　　）．

A. $\{2,3,4\}$　B. $\varnothing$　C. $\{1,2,3,4\}$　D. $\{0,1,2,3,4\}$

2. 不等式 $|x-2|>1$ 的解集是（　　）．

A. $\{x|\ x>3\}$　B. $\{x|\ x>3$ 或 $x<-3\}$

C. $\{x|\ x>3$ 或 $x<1\}$　D. $\{x|\ 1<x<3\}$

3. 对于函数 $f(x)=\log_{\frac{1}{2}}|x|$，下列判断正确的是（　　）．

A. $f(x)$ 的定义域是 $\mathbf{R}$　B. $f(x)$ 的值域是 $(0,+\infty)$

C. $f(x)$ 是减函数　D. $f(x)$ 是偶函数

4. 某种细菌在培养过程中，每20min分裂一次（一个分裂为两个），经过3h，这种细菌由1个可繁殖成（　　）．

A. 128个　B. 256个　C. 512个　D. 1 024个

5. 在等差数列 $\{a_n\}$ 中，已知 $a_1+a_2+a_3+a_4+a_5=20$，那么 $a_3=$（　　）．

A. 4　B. 5　C. 6　D. 7

6. 已知数列 $\{a_n\}$ 的通项公式为 $a_n=51-3n$，则 $\{a_n\}$ 的前 n 项和达到最大值时，$n=$（　　）．

A. 18　B. 19　C. 15　D. 16或17

7. 在同一坐标系中，函数 $y=ax-a$ 与 $y=ax^2$ 的图像只可能是（　　）．

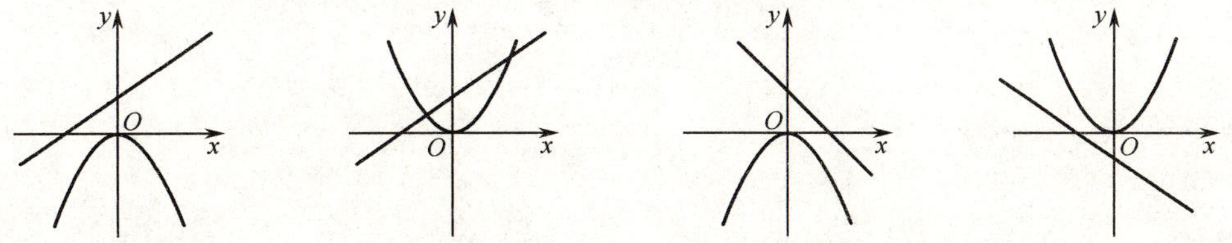

A.　B.　C.　D.

8. 若 $y_1=\sin x$ 是减函数，$y_2=\cos x$ 是增函数，则角 x 是（　　）．

A. 第一象限的角　B. 第二象限的角　C. 第三象限的角　D. 第四象限的角

9. 已知点 $A(1,2)$，$B(3,2)$ 和向量 $\boldsymbol{a}=(x+3,x^2-3x-4)$，若 $\boldsymbol{a}=\overrightarrow{AB}$，则 $x=$（　　）．

A. -1　B. -1 或 4　C. 4　D. 1或-4

10. 某超市为促销搞抽奖活动，准备了1 000张奖券，设特等奖1个，一等奖10个，二等奖20个，三等奖30个，每张奖券被抽到的可能性相同，小李在超市购物后去抽奖，抽到一等奖或二等奖的概率是（　　）．

A. $\frac{1}{100}$　B. $\frac{1}{50}$　C. $\frac{3}{100}$　D. $\frac{3}{50}$

11. 以直线 $y=\pm\sqrt{3}x$ 为渐近线，$F(2,0)$ 为一个焦点的双曲线方程为（　　）．

A. $\frac{y^2}{3}-x^2=1$　B. $y^2-\frac{x^2}{3}=1$　C. $\frac{x^2}{3}-y^2=1$　D. $x^2-\frac{y^2}{3}=1$

12. 为了得到 $y=\sin\left(2x-\frac{\pi}{3}\right)$ $(x\in\mathbf{R})$ 的图像，只需将正弦函数 $y=\sin 2x$ $(x\in\mathbf{R})$ 图像上所有点（　　）．

A. 向右平移$\frac{\pi}{3}$个单位，纵坐标不变

B. 向右平移$\frac{\pi}{6}$个单位，纵坐标不变

C. 向左平移$\frac{\pi}{6}$个单位，纵坐标不变

D. 向下平移$\frac{\pi}{3}$个单位，横坐标不变

13. 先后抛掷两枚均匀的硬币，出现一枚正面一枚反面的概率为（　　）．

A. $\frac{1}{4}$　B. $\frac{1}{3}$　C. $\frac{1}{2}$　D. $\frac{2}{3}$

14. 正方体 $ABCD-A_1B_1C_1D_1$ 中，点 E，F 分别是 AA_1，AD 的中点，则直线 EF 与直线 A_1B 所成的角的大小是（　　）．

A. 30°　B. 45°　C. 60°　D. 90°

15. 点 $(1,1)$ 在圆 $(x-a)^2+(y+a)^2=4$ 的内部，则 a 的取值范围是（　　）．

A. $-1<a<1$　B. $0<a<1$　C. $a<-1$ 或 $a>1$　D. $a=\pm1$

第Ⅱ卷（共90分）

二、填空题（每题4分，共20分．把答案填写在题中的横线上）

16. 某人投篮的命中率为0.7，他投篮两次，则他一球也投不进的概率为________．

17. $y=2x^2-3x+1$ 的单调递增区间为________．

18. $\triangle ABC$ 中，$AB=10$，$BC=6$，$\angle B=60°$，则 $AC=$________．

19. 椭圆$\frac{x^2}{4}+\frac{y^2}{9}=1$的焦距是________．

20. 已知离散型随机变量 ξ 的概率分布如表所示，则 ξ 的数学期望为________．

ξ	1	2	3
p	$\frac{1}{2}$	$\frac{1}{3}$	$\frac{1}{6}$

三、解答题（本大题共 6 题，共 70 分. 解答应写出文字说明、证明过程或推演步骤）

21. （10 分）已知函数 $f(x)=\lg\frac{2+x}{2-x}$，求此函数的定义域并判断此函数的奇偶性.

22. （10 分）在等比数列 $\{a_n\}$ 中，$a_1+a_2+a_3=7$，$a_1a_2a_3=8$，求通项公式 a_n.

23. （12 分）已知向量 $\boldsymbol{a}=(1,1)$，$\boldsymbol{b}=(m,2)$，$\boldsymbol{a}\perp(\boldsymbol{a}+2\boldsymbol{b})$，$\boldsymbol{c}$ 与 $\boldsymbol{b}$ 的夹角为$\frac{3\pi}{4}$，$\boldsymbol{b}\cdot\boldsymbol{c}=-13$.

（1）求实数 m 的值；

（2）求 $|\boldsymbol{c}|$ 的值.

24. （12 分）已知向量 $\boldsymbol{a}=(\cos x,\ \sin x)$，$\boldsymbol{b}=(\sin 2x,\ 1-\cos 2x)$，$\boldsymbol{c}=(0,\ 1)$，$x\in(0,\ \pi)$，求函数$f(x)=|\boldsymbol{b}|-(\boldsymbol{a}+\boldsymbol{b})\cdot\boldsymbol{c}$ 的最大值.

25. （13 分）如图所示，$\triangle ABC$ 是等腰直角三角形，$AC=BC=a$，P 是$\triangle ABC$ 所在平面外一点，$PA=PB=PC=\sqrt{2}a$.

（1）求证：平面 $PAB\perp$平面 ABC；

（2）求 PC 与平面 PAB 所成的角.

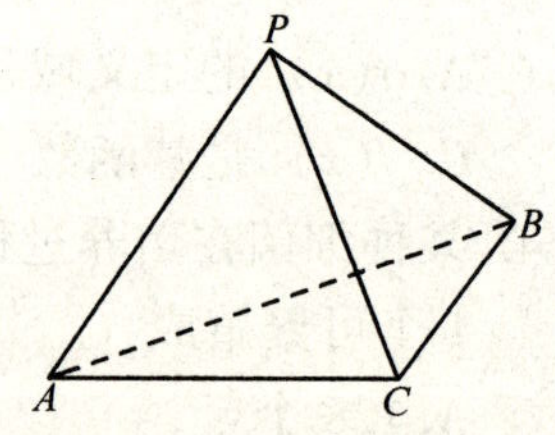

26. （13 分）过点 $A(2,\ 1)$ 的直线 l 与抛物线 $y^2=4x$ 相交于 B，C 两点，且点 A 恰好是 BC 的中点，求直线 l 的方程.

学校：________ 班级：________ 姓名：________ 准考证号：________

（请不要在密封线内答题）

模拟综合试卷（四）

本试卷分第Ⅰ卷和第Ⅱ卷．考生作答时，须将答案写在答题卡上，在本试卷、草稿纸上答题均无效．满分150分．考试时间120分钟．考试结束后，将本试卷和答题卡一并交回．

第Ⅰ卷（共60分）

一、选择题（每题4分，共60分．每题所给的四个选项中，只有一个正确答案，请在答题卡上将该项涂黑）

1. 已知集合 $S=\{1,2,3,4,5,6\}$，$\complement_S M=\{2,4,6\}$，则 M 为（　　）．

A. $\varnothing$　　B. $\{1,2,3,4,5,6\}$　　C. $\{1,3,5\}$　　D. $\{2,4,6\}$

2. $-1\,000°$的角是第（　　）象限的角．

A. 一　　B. 二　　C. 三　　D. 四

3. 下列函数在 $(0,+\infty)$ 内是单调递减的是（　　）．

A. $y=x^2$　　B. $y=-\dfrac{1}{x}$　　C. $y=\left(\dfrac{1}{2}\right)^x$　　D. $y=\log_2 x$

4. 钢铁厂生产了一批大型钢管，并排堆放在库房里，底下一层并排放了18根，第二层并排放了17根，第三层并排放了16根，往上每层比下一层少1根，共放了15层，这堆钢管共有（　　）根．

A. 150　　B. 165　　C. 171　　D. 375

5. 已知 $a=2-\sqrt{3}$，$b=\sqrt{3}-2$，$c=2\sqrt{3}-3$，那么（　　）．

A. $c<b<a$　　B. $a<b<c$　　C. $b<a<c$　　D. $b<c<a$

6. 等差数列 $\{a_n\}$ 中，已知 $a_1+a_2+\cdots+a_7=91$，则 a_4 的值是（　　）．

A. 12　　B. 13　　C. 14　　D. 15

7. 已知 $\sin\alpha=\dfrac{1}{3}$ 且 $\tan\alpha<0$，则 $\cot\alpha$ 的值是（　　）．

A. $-2\sqrt{2}$　　B. $-\dfrac{\sqrt{2}}{4}$　　C. $\dfrac{\sqrt{2}}{4}$　　D. $2\sqrt{2}$

8. 已知 $\sin\left(\alpha-\dfrac{\pi}{4}\right)=\dfrac{1}{3}$，则 $\cos\left(\alpha+\dfrac{\pi}{4}\right)$ 的值等于（　　）．

A. $-\dfrac{2\sqrt{3}}{3}$　　B. $\dfrac{2\sqrt{3}}{3}$　　C. $-\dfrac{1}{3}$　　D. $\dfrac{1}{3}$

9. 在 $\triangle ABC$ 中，若 $a=2$，$b=\sqrt{2}$，$c=\sqrt{3}+1$，则 $\triangle ABC$ 是（　　）．

A. 锐角三角形　　B. 直角三角形　　C. 钝角三角形　　D. 无法确定

10. 方程为 $-kx=2y^3+4k$ 的曲线经过点 $P(-2,1)$，则 k 的值是（　　）．

A. -2　　B. -1　　C. 1　　D. 2

11. 直线 $(a-4)x+y=1$ 与直线 $2x+3y-5=0$ 垂直，则 a 的值是（　　）．

A. $\dfrac{1}{2}$　　B. $\dfrac{3}{2}$　　C. 1　　D. $\dfrac{5}{2}$

12. 点 $P(1,1)$ 到直线 $3x-4y+6=0$ 的距离是（　　）．

A. 1　　B. 2　　C. 3　　D. 4

13. 抛物线 $y^2=4x$ 上一点到焦点的距离为4，则这点的纵坐标为（　　）．

A. ±3　　B. $\pm2\sqrt{3}$　　C. ±4　　D. $\pm3\sqrt{2}$

14. 正方体的全面积是24，它的外接球的体积是（　　）．

A. 12π　　B. $\dfrac{8\sqrt{2}}{3}\pi$　　C. 8π　　D. $4\sqrt{3}\pi$

15. $\left(\sqrt{x}+\dfrac{1}{x}\right)^6$ 展开式中的常数项是（　　）．

A. -20　　B. -15　　C. 20　　D. 15

第Ⅱ卷（共90分）

二、填空题（每题4分，共20分．把答案填写在题中的横线上）

16. 向量 $|\boldsymbol{a}|=4\sqrt{2}$，$|\boldsymbol{b}|=3$，$\boldsymbol{a}$ 与 $\boldsymbol{b}$ 的夹角是 $\dfrac{\pi}{4}$，则 $\boldsymbol{a}\cdot\boldsymbol{b}=$________．

17. 抛物线 $y^2=ax$ 的准线方程为 $x=1$，则 a 的值为________．

18. 已知随机变量 ξ 的概率分布如下表所示，则 $E(\xi)=$________．

ξ	-2	1	3
p	$\dfrac{1}{6}$	$\dfrac{1}{3}$	$\dfrac{1}{2}$

19. $\left(\sqrt{x}+\dfrac{1}{x}\right)^6$ 展开式中的常数项是________．

20. 设 $\sin\alpha=\dfrac{\sqrt{5}}{5}$，则 $\sin^4\alpha-\cos^4\alpha$ 的值是________．

三、解答题（本大题共 6 题，共 70 分．解答应写出文字说明、证明过程或推演步骤）

21.（10 分）计算 $9^{-\frac{1}{2}}\cdot(\sqrt[3]{81})^{\frac{3}{2}}+(\lg 5)^2+\lg 2\lg 50$.

22.（11 分）某商店购进一批单价为 20 元的日用品，如果以单价 30 元销售，那么半个月内可以售出 400 件．根据销售经验，提高单价会导致销售量的减少，即销售单价每提高 1 元，销售量相应减少 20 件．如何提高售价，才能在半个月内获得最大利润？

23.（12 分）已知 $\tan\left(\frac{\pi}{4}+\theta\right)=3$．求：

（1）$\tan\theta$;

（2）$\sin 2\theta-2\cos^2\theta$.

24.（12 分）若在 sin15°，cos15°中间插入实数 a，三数成等差数列，若改插入实数 b，则三数成等比数列．已知 $\frac{b}{a}>0$，求 a 与 b 的积.

25.（13 分）如图所示，正四棱锥的底面边长为 2，侧棱长为 $\sqrt{3}$，求侧面与底面所成二面角的大小以及正四棱锥的体积.

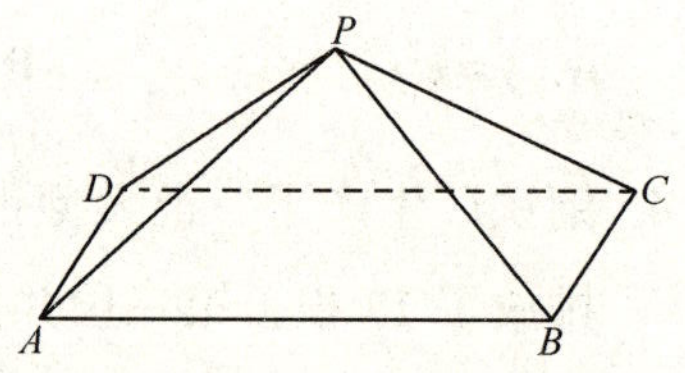

26.（13 分）已知双曲线中心在原点，焦点 F_1，F_2 在 x 轴上，离心率为 $\sqrt{2}$，过点 $P(4,-\sqrt{10})$，直线 $x=3$ 与双曲线相交于点 M，N.

（1）求双曲线方程;

（2）求过点 F_1，M，N 的圆的方程.

学校：________ 班级：________ 姓名：________ 准考证号：________

（请 不 要 在 密 封 线 内 答 题）

模拟综合试卷（五）

本试卷分第Ⅰ卷和第Ⅱ卷. 考生作答时，须将答案写在答题卡上，在本试卷、草稿纸上答题均无效. 满分 150 分. 考试时间 120 分钟. 考试结束后，将本试卷和答题卡一并交回.

第Ⅰ卷（共 60 分）

一、选择题（每题 4 分，共 60 分. 每题所给的四个选项中，只有一个正确答案，请在答题卡上将该项涂黑）

1. 已知集合 $U=\{0, 1, 2\}$，$M=\{1, 2\}$，$N=\{0\}$，则 $\complement_U M\cap N$ 等于（　　）.

A. $\varnothing$　　B. M　　C. $\complement_U N$　　D. N

2. 设函数 $f(x)=\begin{cases}2x+1, & -2<x\leqslant 0,\\ 1-x^2, & 0<x<3,\end{cases}$ 则 $f(2)-f(0)$ 的值是（　　）.

A. 4　　B. 3　　C. −4　　D. −3

3. 若不等式 $x^2+x+c<0$ 的解集是 $\{x\mid -4<x<3\}$，则 c 的值等于（　　）.

A. 12　　B. −12　　C. 11　　D. −11

4. 如果奇函数 $f(x)$ 在区间 $[3, 7]$ 上是增函数，且最大值为 5，那么 $f(x)$ 在区间 $[-7, -3]$ 上是（　　）.

A. 增函数且最小值为−5　　B. 减函数且最小值为−5

C. 增函数且最大值为−5　　D. 减函数且最大值为−5

5. 已知 $\boldsymbol{a}=(-2, 1)$，$\boldsymbol{b}=(4, -2)$，则 $\boldsymbol{a}\cdot\boldsymbol{b}$ 等于（　　）.

A. −10　　B. 8　　C. −6　　D. 0

6. "$a>1$"是"$\frac{1}{a}<1$"的（　　）条件.

A. 充分不必要　　B. 必要不充分

C. 充要　　D. 既不充分也不必要

7. 函数 $y=\sin x\cos x$ 的最小值及最小正周期分别是（　　）.

A. 1，4π　　B. 1，2π　　C. $\frac{1}{2}$，π　　D. $-\frac{1}{2}$，π

8. 设 $f(x)=|x-1|-|x|$，则 $f\left[f\left(\frac{1}{2}\right)\right]$ 等于（　　）.

A. $\frac{1}{2}$　　B. 0　　C. $\frac{1}{2}$　　D. 1

9. 为了估计水库中有多少鱼，我们先从水库中捕捞了 2 000 尾鱼，给它们做上记号后又放回水库（不影响存活），经过一段时间饲养后，又从水库中随意捕出 500 尾，发现有 40 尾鱼有记号，则水库中的鱼大约有（　　）尾.

A. 25 000　　B. 1 600　　C. 16 000　　D. 20 000

10. 两个球体积之比为 8 : 27，那么两个球的表面积的比为（　　）.

A. 2 : 3　　B. 4 : 9　　C. $\sqrt{2}:\sqrt{3}$　　D. $\sqrt{8}:\sqrt{27}$

11. 已知点 $(a,2)$ $(a>0)$ 到直线 $x-y+3=0$ 的距离为 1，则 $a=$（　　）.

A. $\sqrt{2}$　　B. $2-\sqrt{2}$　　C. $\sqrt{2}-1$　　D. $\sqrt{2}+1$

12. 抛物线 $y=-x^2$ 的焦点坐标为（　　）.

A. $\left(0,\frac{1}{4}\right)$　　B. $\left(0,-\frac{1}{4}\right)$　　C. $\left(\frac{1}{4},0\right)$　　D. $\left(-\frac{1}{4},0\right)$

13. 中心在原点，焦点为 $(\pm1,0)$，离心率为 $\frac{1}{2}$ 的椭圆方程为（　　）.

A. $\frac{x^2}{4}+\frac{y^2}{3}=1$　　B. $\frac{x^2}{3}+\frac{y^2}{4}=1$　　C. $\frac{x^2}{4}+y^2=1$　　D. $x^2+\frac{y^2}{4}=1$

14. 球的表面积扩大到原来的 2 倍，则球的体积扩大到原来的（　　）倍.

A. 2　　B. $2\sqrt{2}$　　C. $\sqrt{2}$　　D. 8

15. 从黄瓜、白菜、油菜、扁豆 4 种蔬菜品种中选出 3 种，分别种在不同土质的 3 块土地上，其中黄瓜必须种植，不同的种植方法共有（　　）.

A. 24 种　　B. 18 种　　C. 12 种　　D. 6 种

第Ⅱ卷（共 90 分）

二、填空题（每题 4 分，共 20 分. 把答案填写在题中的横线上）

16. 函数 $f(x)$ 满足 $f(2x+1)=2x-2$，则 $f(4)=$________.

17. 不等式 $|3-2x|<1$ 的解集是________.

18. 已知随机变量 ξ 的概率分布如下表所示，则表中 $x=$________.

ξ	1	2	3	4
p	$\frac{1}{4}$	$\frac{1}{3}$	x	$\frac{1}{12}$

19. 已知角 α 的终边经过点 $(-3, 4)$，则 $\sin\left(\frac{\pi}{2}+\alpha\right)-\tan(\pi-\alpha)=$________.

20. 为了让小明的早餐有充足的营养，小明妈妈为小明准备了 8 种早餐食品：面包、牛奶、蛋糕、苹果、香蕉、鸡蛋、肉粥、面食. 要求小明从中选择三种来食用，但必须选择一种水果，则小明的选择方法有________种.

三、解答题（本大题共 6 题，共 70 分. 解答应写出文字说明、证明过程或推演步骤）

21.（10 分）解不等式$\frac{3x-7}{x^2+2x-3}>2$.

22.（10 分）已知向量$\boldsymbol{a}=(3,4)$，$\boldsymbol{b}=(8,6)$，$\boldsymbol{c}=(2,m)$，其中 m 为常数，如果$\boldsymbol{a}$，$\boldsymbol{b}$分别与$\boldsymbol{c}$所成的角相等，求 m 的值.

23.（12 分）已知等差数列$\{a_n\}$的第 3 项为 1，前 6 项的和为 0，从第 k 项到 $2k$ 项的和为 -48，求 k 的值.

24.（12 分）已知 $\sin\theta$ 与 $\cos\theta$ 是方程 $6x^2-5x+m=0$ 的两根，求 m 和 $\sin^3\theta+\cos^3\theta$ 的值.

25.（13 分）如图所示，已知 D 是等腰直角$\triangle ABC$ 斜边 BC 的中点，$AB=\sqrt{6}$，P 是平面 ABC 外一点，$PC\perp$平面 ABC，$PC=\sqrt{6}$.

（1）求证：$AD\perp$平面 PBC；

（2）求二面角 A-PB-C 的度数.

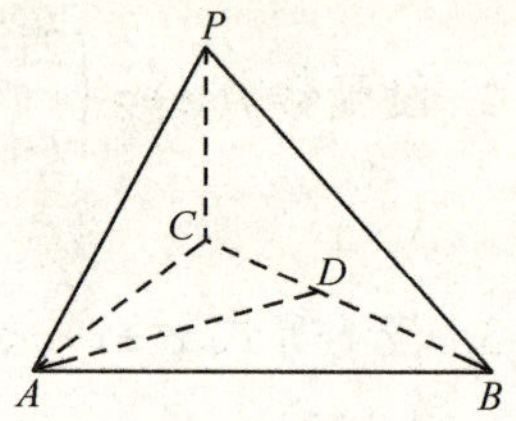

26.（13 分）求椭圆$\frac{x^2}{18}+\frac{y^2}{9}=1$的左焦点 F_1 且倾斜角为 45°的直线与椭圆相交于 A，B 两点，求$\triangle ABF_2$的面积.（13 分）

学校：__________ 班级：__________ （请不要在密封线内答题） 姓名：__________ 准考证号：__________

模拟综合试卷（六）

本试卷分第Ⅰ卷和第Ⅱ卷．考生作答时，须将答案写在答题卡上，在本试卷、草稿纸上答题均无效．满分150分．考试时间120分钟．考试结束后，将本试卷和答题卡一并交回．

第Ⅰ卷（共60分）

一、选择题（每题4分，共60分．每题所给的四个选项中，只有一个正确答案，请在答题卡上将该项涂黑）

1. $a=\sqrt{2}$，$A=\{x\in\mathbf{Q}\mid x>1\}$，则（　　）．

A. $a\subseteq A$　B. $\{a\}\in A$　C. $a\notin A$　D. $\{a\}\subseteq A$

2. $\cos\alpha>0$ 是角 α 为第一象限角的（　　）条件．

A. 充分不必要　B. 必要不充分　C. 充要　D. 既不充分也不必要

3. 函数 $y=\log_{0.5}(2-x-x^2)$ 的定义域是（　　）．

A. $(-2,1)$　B. $(-\infty,-2)\cup(1,+\infty)$

C. $(-\infty,-1)\cup(2,+\infty)$　D. $[-2,1]$

4. 函数 $y=\left(\frac{1}{2}\right)^{-x}$ 在 $(-\infty,+\infty)$ 上是（　　）．

A. 奇函数　B. 偶函数　C. 增函数　D. 减函数

5. 已知角 α 的终边经过点 $P(m,-1)$，且 $\cos\alpha=-\frac{3\sqrt{10}}{10}$，则 $m=$（　　）．

A. 3　B. -3　C. ±3　D. 无法确定

6. 若 $P(-3,0)$ 为角 α 终边上一点，则下列等式中不正确的是（　　）．

A. $\sin\alpha=0$　B. $\cos\alpha=-1$　C. $\tan\alpha=0$　D. $\cot\alpha=0$

7. 下列直线中，与 $3x+2y=6$ 垂直的是（　　）．

A. $2x+3y-6=0$　B. $3x-2y-6=0$　C. $2x-3y-6=0$　D. $3x+2y+6=0$

8. 已知关于 x 的不等式 $x^2+ax-6<0$ 的解集为 $(-2,3)$，则实数 a 的值是（　　）．

A. 3　B. -2　C. 1　D. -1

9. $(a+b)^n$ 展开式中第二项与倒数第二项的系数和为20，同 n 的值为（　　）．

A. 5　B. 10　C. 15　D. 20

10. 设 $\boldsymbol{b}=(1,-2)$，$\boldsymbol{b}-3\boldsymbol{a}$ 的坐标为 $(10,-14)$，则 $\boldsymbol{a}=$（　　）．

A. $(3,-4)$　B. $(-3,4)$　C. $(4,-3)$　D. $(-4,3)$

11. 点 P 在直线 $x+y-4=0$ 上，O 是坐标原点，则 $|OP|$ 的最小值为（　　）．

A. $\sqrt{10}$　B. $2\sqrt{2}$　C. $\sqrt{6}$　D. 2

12. 若椭圆方程为 $\frac{x^2}{m}+\frac{y^2}{4}=1$，离心率为 $\frac{\sqrt{3}}{2}$，则 m 的值是（　　）．

A. -1　B. 16　C. 1　D. 1或16

13. 若抛物线 $y^2=2px$ 的焦点与双曲线 $\frac{x^2}{6}-\frac{y^2}{10}=1$ 的右焦点重合，则 p 的值为（　　）．

A. 4　B. -4　C. 8　D. -8

14. 立方体的一条对角线与任何一个面所成的角的正弦值为（　　）．

A. $\frac{\sqrt{3}}{3}$　B. $\frac{\sqrt{6}}{3}$　C. $\frac{\sqrt{2}}{2}$　D. $\frac{1}{3}$

15. 同时掷两枚均匀骰子，出现数字和大于10的概率是（　　）．

A. $\frac{1}{6}$　B. $\frac{1}{12}$　C. $\frac{1}{18}$　D. $\frac{1}{24}$

第Ⅱ卷（共90分）

二、填空题（每题4分，共20分．把答案填写在题中的横线上）

16. 不等式 $\frac{1-x}{x+2}>0$ 的解集是__________．

17. 如图所示，要将一根直径为30cm的圆柱形木材加工成方形木梁，则方形木梁的最大截面积是________（cm^2）．

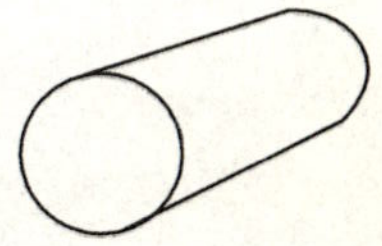

18. 等比数列 $\{a_n\}$ 中，$a_5=\frac{16}{15}$，$q=2$，则 $S_n=$__________．

19. 直线 l 过点 $A(1,2)$ 且在第二象限与坐标轴围成等腰直角三角形，则直线 l 的方程是__________．

20. 篮球运动员比赛中每次罚球的命中率为0.8，则在5次罚球中恰好投中3次的概率为__________．

三、解答题（本大题共6题，共70分．解答应写出文字说明，证明过程或推演步骤）

21. （10分）三个正数成等差数列，其和为15，若将这三个数分别加上1，4，19得到的三个数成等比数列，求这三个数．

22. (10 分) 已知 $f(x)=\sqrt{x^2-2x-8}$ 的定义域为 A，$g(x)=\dfrac{1}{\sqrt{1-(x-a)^2}}$ 的定义域为 B. 若 $A\cap B=\varnothing$，求实数 a 的取值范围.

23. (12 分) 在△ABC 中，已知 $\cos(A+B)=-\dfrac{12}{13}$，$\cos A=\dfrac{4}{5}$，求 $\tan B$ 的值.

24. (12 分) 已知△ABC 中，$A(1,3)$，$B(3,-3)$，$C(6,3)$，D 是 BC 上一点，且 $\overrightarrow{BD}=\dfrac{1}{3}\overrightarrow{BC}$，求：

(1) 点 D 的坐标；

(2) $\overrightarrow{AD}\cdot\overrightarrow{BC}$.

25. (12 分) 如图所示，已知 $SA\perp$ 上正方形 $ABCD$ 所在平面，M 是 SC 的中点.

(1) 求证：平面 $BMD\perp$ 平面 $ABCD$；

(2) 设 $AB=2$，求点 A 到平面 BMD 的距离.

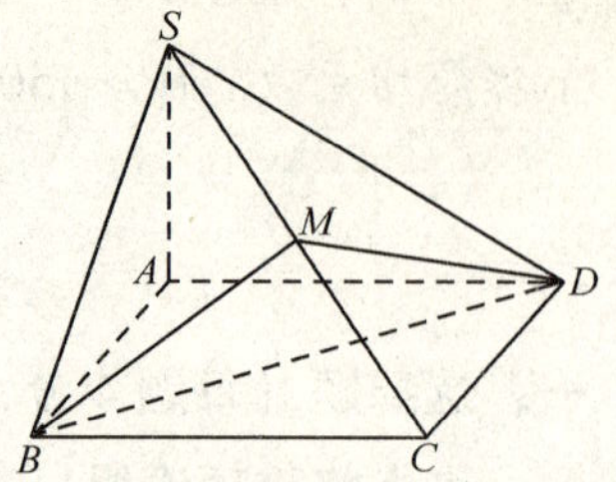

26. (13 分) 一条斜率为−2 的光线，从中心在原点的双曲线右焦点 $F_2(6,0)$ 射出，射到双曲线上一点 M，被双曲线沿 F_1M 延长线方向反射经过点 $P(16,4)$，求这个双曲线方程.

学校：__________ 班级：__________ 姓名：__________ 准考证号：__________

（请不要在密封线内答题）

模拟综合试卷（七）

本试卷分第Ⅰ卷和第Ⅱ卷．考生作答时，须将答案写在答题卡上，在本试卷、草稿纸上答题均无效．满分 150 分．考试时间 120 分钟．考试结束后，将本试卷和答题卡一并交回．

第Ⅰ卷（共 60 分）

一、选择题（每题 4 分，共 60 分．每题所给的四个选项中，只有一个正确答案，请在答题卡上将该项涂黑）

1. 设集合 $A=\varnothing$，$B=\{0\}$，则（　　）．

A. $A=B$　　B. $A\cup B=A$　　C. $A\subsetneqq B$　　D. $B\subsetneqq A$

2. 不等式$\left(\frac{1}{2}\right)^{x^2-3x+2}<1$ 的解集为（　　）．

A. $(1,2)$　　B. $(-\infty,1)$

C. $(2,+\infty)$　　D. $(-\infty,1)\cup(2,+\infty)$

3. 以 2π 为周期的偶函数是（　　）．

A. $y=1-2\sin^2 x$　　B. $y=\sin\left(x+\frac{\pi}{2}\right)$　　C. $y=\sin\frac{x}{2}\cos\frac{x}{2}$　　D. $y=\cos\left(x+\frac{\pi}{2}\right)$

4. 设 $a>|b|$ 且 $b<0$，则下列不等式一定成立的是（　　）．

A. $a+b>0$　　B. $a+b<0$　　C. $|a|<|b|$　　D. $b-a>0$

5. 设 $2^{x-1}=a$，$2^{y-1}=b$，则 $2^{x+y}=$（　　）．

A. $a+b$　　B. $2ab$　　C. ab　　D. $4ab$

6. 在$\triangle ABC$ 中，$\cos A=\cos B$ 是$\angle A=\angle B$ 的（　　）．

A. 充分不必要条件　　B. 必要不充分条件

C. 充要条件　　D. 既不充分也不必要条件

7. 已知 $f(x)=ax^3+x$，若 $f(1)=3$，则 $f(-1)$ 等于（　　）．

A. -3　　B. -1　　C. 1　　D. 3

8. 如果数列 $\{a_n\}$ 的通项公式是 $a_n=2^n$，那么 $a_1+a_2+a_3+a_4+a_5=$（　　）．

A. 62　　B. 31　　C. 30　　D. 126

9. 如果 $\cos(3\pi-\alpha)=\frac{4}{5}$，且 α 是第三象限的角，则 $\sin2\alpha=$（　　）．

A. $\frac{7}{25}$　　B. $\frac{24}{25}$　　C. $-\frac{12}{25}$　　D. $-\frac{24}{25}$

10. 在同一直角坐标系内，函数 $y=-ax^2$，$y=\log_a x$ 的图像是（　　）．

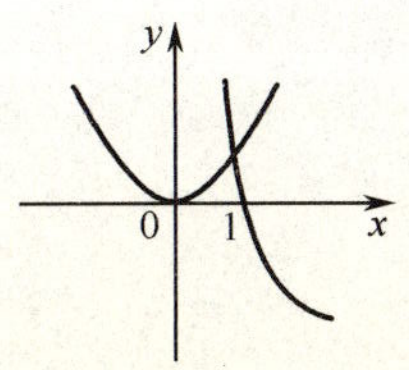

A.

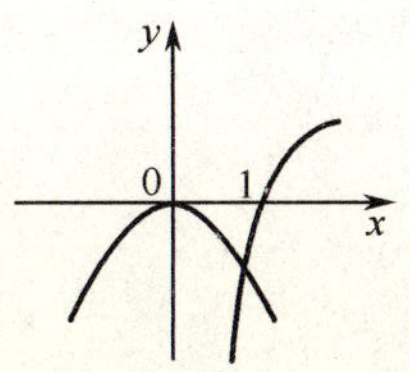

B.

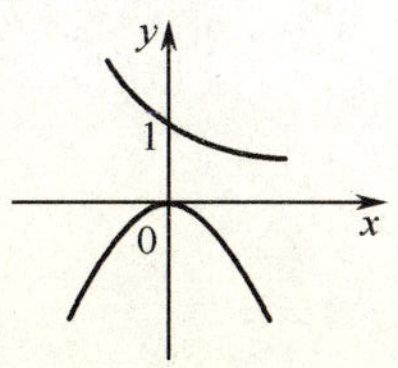

C.

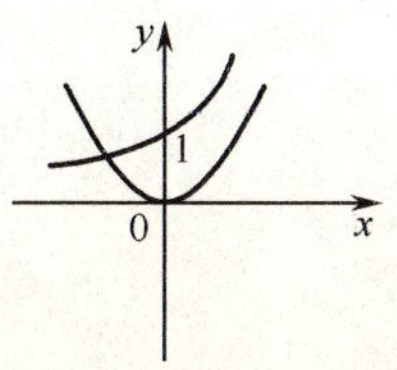

D.

11. 已知椭圆的短轴的一个端点与两焦点的连线互相垂直，则椭圆的离心率是（　　）．

A. $\frac{\sqrt{6}}{3}$　　B. $\frac{\sqrt{3}}{2}$　　C. $\frac{\sqrt{2}}{2}$　　D. $\frac{1}{2}$

12. 空间四边形 $ABCD$ 中，$AC=BD$，E，F，G，H 分别为 AB，BC，CD，DA 的中点，则四边形 $EFGH$ 为（　　）．

A. 平行四边形　　B. 矩形　　C. 正方形　　D. 菱形

13. 如果直线 $y=ax+2$ 与直线 $y=3x-b$ 关于 y 轴对称，那么（　　）．

A. $a=-3$，$b=-2$　　B. $a=3$，$b=2$

C. $a=3$，$b=-2$　　D. $a=-3$，$b=2$

14. 以椭圆 $9x+25y^2=225$ 的焦点为焦点，离心率 $e=2$ 的双曲线的标准方程为（　　）．

A. $\frac{x^2}{4}-\frac{y^2}{12}=1$　　B. $\frac{x^2}{12}-\frac{y^2}{4}=1$　　C. $\frac{x^2}{20}-\frac{y^2}{4}=1$　　D. $\frac{x^2}{4}-\frac{y^2}{20}=1$

15. 从甲、乙、丙三人中选两名代表，甲被选中的概率是（　　）．

A. $\frac{1}{2}$　　B. $\frac{1}{3}$　　C. $\frac{2}{3}$　　D. 1

第Ⅱ卷（共 90 分）

二、填空题（每题 4 分，共 20 分．把答案填写在题中的横线上）

16. 为了了解某商店四月份的营业额，从中抽查了 5 天的日营业额如下（单位：元）：

4 845　5 306　8 954　1 672　6330

用样本估计四月份的总营业额是__________．

17. 已知 $\log_{15}5=m$，则 $\log_{15}3=$__________．

18. 过点（1，2）且在 y 轴上截距为$\frac{4}{3}$的直线方程是__________．

19. 函数 $y=\sin2x$，$x\in[-\pi,\pi]$的单调递减区间是__________．

20. 以点 $A(2,-3)$ 为圆心且与直线 $3x-4y+2=0$ 相切的圆的方程是__________．

三、解答题（本大题共 6 题，共 70 分．解答应写出文字说明、证明过程或推演步骤）

21. （10 分）已知 $f(x)=x^2+bx+c$，$f(1)=-4$，$f(2)=-\frac{3}{5}f(4)$，求 $f(x)$ 的最小值．

22.（10 分）已知 4^x，$5\times2^{x-2}$，1 三数构成等差数列，求解 x 的值.

23.（12 分）已知 $A(3,0)$，$B(0,3)$，$C(\cos\alpha,\sin\alpha)$.

（1）若$\overrightarrow{AC}\cdot\overrightarrow{BC}=-1$，求 $\sin2\alpha$ 的值；

（2）若$|\overrightarrow{OA}+\overrightarrow{OC}|=\sqrt{13}$，且 $\alpha\in(0,\pi)$（O 为坐标原点），求$\overrightarrow{OA}$与$\overrightarrow{OC}$的夹角.

24.（12 分）已知 $\sin\left(\alpha+\dfrac{\pi}{6}\right)\sin\left(\alpha+\dfrac{\pi}{3}\right)=\dfrac{\sqrt{3}}{8}$，求 $\cos4\alpha$ 的值.

25.（13 分）如图所示，$ABCD$ 是正方形，$PD\perp$底面 $ABCD$，$BD=\sqrt{6}$，PB 与底面所成角的正切值为$\dfrac{\sqrt{6}}{6}$.

（1）求点 P 到 AC 的距离；

（2）求异面直线 BD 与 PC 所成角的余弦值.

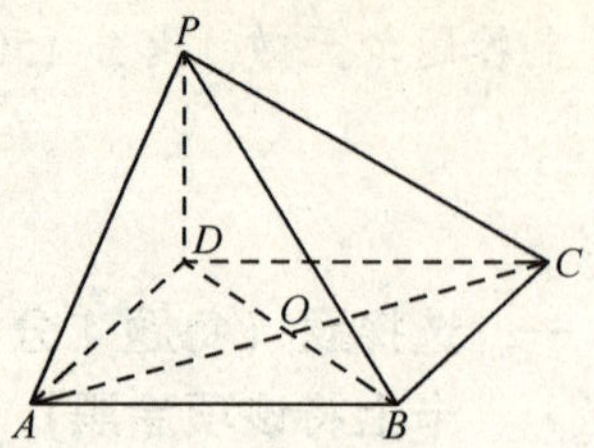

26.（13 分）如图所示，已知 F_1，F_2 分别是椭圆$\dfrac{x^2}{4}+\dfrac{y^2}{b^2}=1$（$0<b<2$）的左、右焦点，点 A 是椭圆的右顶点，直线 $y=x$ 与椭圆相交于 B、C 两点（点 C 在第一象限），$\overrightarrow{AC}\cdot\overrightarrow{BC}=0$. 求椭圆的方程及$\triangle ABC$ 的外接圆方程.

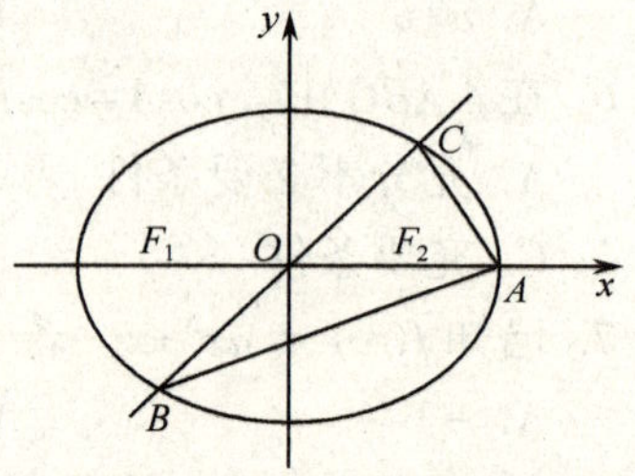

学校：________ 班级：________ 姓名：________ 准考证号：________

（请不要在密封线内答题）

模拟综合试卷（八）

本试卷分第Ⅰ卷和第Ⅱ卷．考生作答时，须将答案写在答题卡上，在本试卷、草稿纸上答题均无效．满分 150 分．考试时间 120 分钟．考试结束后，将本试卷和答题卡一并交回．

第Ⅰ卷（共 60 分）

一、选择题（每题 4 分，共 60 分．每题所给的四个选项中，只有一个正确答案，请在读题卡上将该项涂黑）

1. 数 0 与空集∅的关系是（　　）．

A. $0\in\varnothing$　　B. $0=\varnothing$　　C. $\{0\}=\varnothing$　　D. $0\notin\varnothing$

2. 设 $f(x^6)=\log_2 x$，则 $f(8)=$（　　）．

A. $\frac{4}{3}$　　B. 8　　C. 18　　D. $\frac{1}{2}$

3. 一时钟的时针长 5cm，经过 4 小时，时针端点所转过的弧长为（　　）．

A. 40π　　B. $\frac{15}{3}\pi$　　C. $\frac{10}{3}\pi$　　D. $\frac{25}{3}\pi$

4. 若 $a<b<0$，则下列不等式中不能成立的是（　　）．

A. $\frac{1}{a}>\frac{1}{b}$　　B. $\frac{1}{a-b}>\frac{1}{a}$　　C. $|a|>|b|$　　D. $a^2>b^2$

5. 在同一个坐标系内，函数 $y=3^{-x}$ 与函数 $y=\log_3 x$ 的图像大致为（　　）．

A.
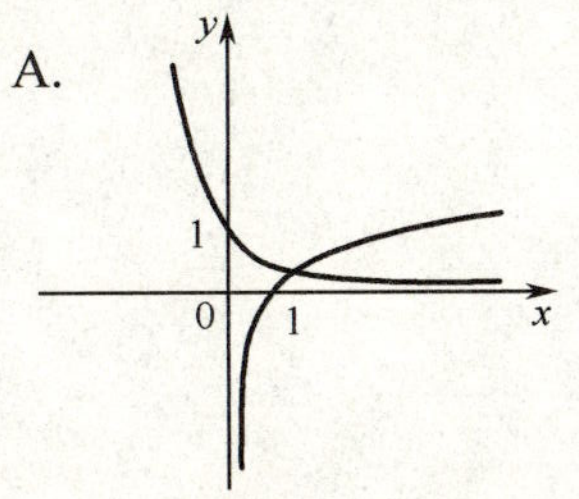

B.
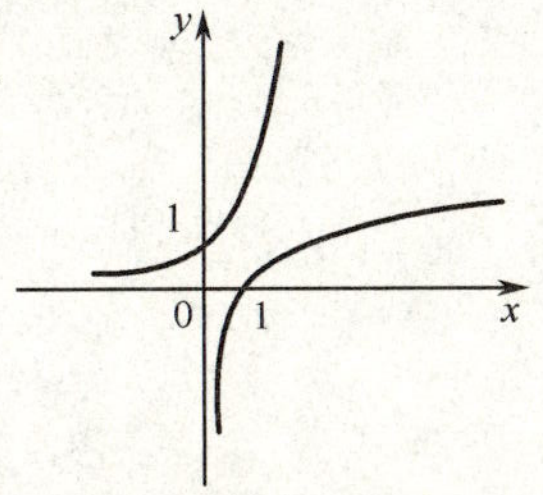

C.
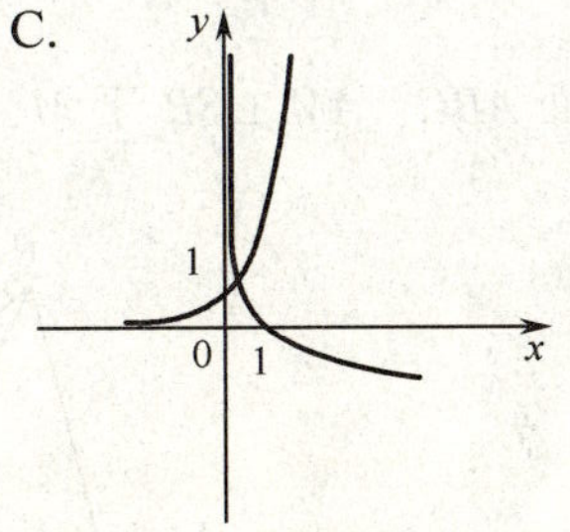

D.
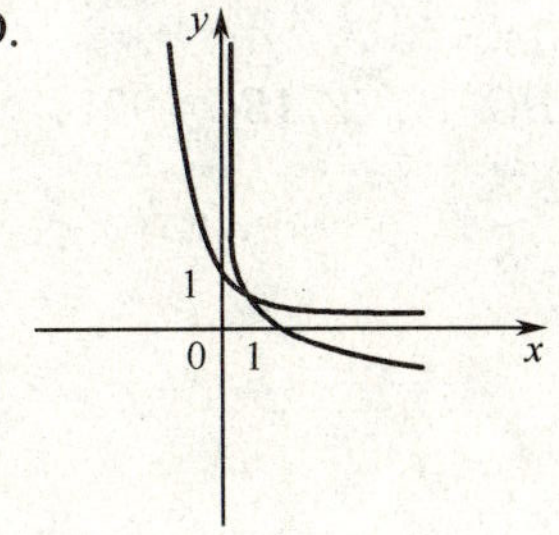

6. 偶函数 $f(x)=(m-1)x^2+mx+8$ 的增区间是（　　）．

A. $(-\infty,0)$　　B. $[0,+\infty)$　　C. $(-\infty,8]$　　D. $[8,+\infty)$

7. 数列 $\frac{1}{4}$，$\frac{1}{9}$，$\frac{1}{16}$，$\frac{1}{25}$，…中，第 12 项是（　　）．

A. $\frac{1}{121}$　　B. $\frac{1}{144}$　　C. $\frac{1}{169}$　　D. $\frac{1}{196}$

8. “$A\subseteq B$”是“$A\cap B=A$”的（　　）条件．

A. 充分不必要　　B. 必要不充分　　C. 充要　　D. 既不充分也不必要

9. 已知 $\tan\alpha=2$，且 $\sin\alpha<0$，则 $\cos\alpha$ 的值等于（　　）．

A. $-\frac{1}{5}$　　B. $\frac{1}{5}$　　C. $-\frac{\sqrt{5}}{5}$　　D. $\frac{\sqrt{5}}{5}$

10. 已知 $A(1,-1)$，$B(4,2)$，P 为 AB 的中点，则 $\overrightarrow{AP}$ 的坐标为（　　）．

A. $\left(\frac{3}{2},\frac{3}{2}\right)$　　B. $\left(\frac{3}{2},-\frac{1}{2}\right)$　　C. $(5,4)$　　D. $(3,-3)$

11. 两条平行直线 $2x-y+2=0$ 与 $4x-2y+9=0$ 之间的距离是（　　）．

A. 5　　B. $\sqrt{5}$　　C. $\frac{\sqrt{5}}{2}$　　D. $\frac{7\sqrt{5}}{10}$

12. $\left(x-\frac{1}{x}\right)^9$ 的二项展开式中，x^3 的系数为（　　）．

A. 84　　B. -84　　C. 85　　D. -85

13. 圆 $x^2+y^2-6x=0$ 的面积是（　　）．

A. 3π　　B. 6π　　C. 9π　　D. 12π

14. 若正三棱锥的高和底面边长都为 $\sqrt{3}$，则该正三棱锥的体积为（　　）．

A. $\frac{\sqrt{3}}{4}$　　B. $\frac{3}{4}$　　C. $\frac{1}{4}$　　D. $\frac{3}{2}$

15. 某班上午要上数学、语文、计算机、体育四节课，因语文老师有事不能上第二节，那么排课的不同方案有（　　）．

A. 18 种　　B. 24 种　　C. 27 种　　D. 256 种

第Ⅱ卷（共 90 分）

二、填空题（每题 4 分，共 20 分．把答案填写在题中的横线上）

16. 已知角 α 的终边与单位圆的交点坐标为 $\left(-\frac{\sqrt{3}}{2},\frac{1}{2}\right)$，则 $\sin\alpha\cdot\cos\alpha=$________．

17. 不等式 $x^2+1>2x$ 的解集为________．

18. 正方形边长为 4，若边长增加 x，则面积增加 y，则 y 与 x 的关系式为________．

19. 随机抽取某商店五月份中 6 天营业额分别如下（单位：万元）：

3.1，3.1，2.9，3.0，3.3，3.2

试估计该商店五月份的营业额大约是________万元．

20. 如果双曲线的渐近线方程为 $y=\pm\frac{3}{4}x$，则离心率为________．

三、解答题（本大题共 7 题，每小题 10 分，共 70 分. 解答应写出文字说明、证明过程或推演步骤）

21. 计算：$(-1.8)^0+\left(\frac{3}{2}\right)^{-2}\times\sqrt[3]{\left(3\frac{3}{8}\right)^2}-\frac{1}{\sqrt{0.01}}+\cos\pi$.

22. 心理学家发现，学生对概念的接受能力 y 与提出概念所用的时间 x（单位：分）之间满足函数关系：$y=-0.1x^2+2.6x+43(0\leqslant x\leqslant 30)$，$y$ 值越大表示接受能力越强。

（1）x 在什么范围内，学生的接受能力逐步增强？x 在什么范围内，学生的接受能力逐步降低？

（2）第 10 分钟时，学生接受能力是多少？

（3）第几分钟时，学生的接受能力最强？

23. 已知 $\sin\alpha=\frac{4}{5}$，$\cos(\beta-\alpha)=\frac{\sqrt{3}}{2}$，且 $\beta<\alpha$，α，$\beta\in\left(0,\ \frac{\pi}{2}\right)$，求 $\cos\beta$ 的值.

24. 若数列 $\{a_n\}$ 的前 n 项和为 $S_n=n^2-2n$，

（1）求通项公式 a_n；

（2）证明数列 $\{a_n\}$ 为等差数列.

25. 已知在平行四边形 $ABCD$ 中，$A(0,0)$，$B(3,1)$，$C(4,3)$，$D(1,2)$，M，N 分别是 DC，AB 的中点，问$\overrightarrow{AM}$，$\overrightarrow{CN}$共线吗？

26. 经过双曲线 $x^2-\frac{y^2}{2}=1$ 的右焦点 F_2 作倾斜角为60°的直线 l 交双曲线于 A，B 两点，求 $|AB|$.

27. 如图所示：$\triangle ABC$ 中，$\angle ABC=90°$，$SA\perp$平面 ABC，$AM\perp SB$ 于 M，$AN\perp SC$ 于 N，求证：$MN\perp SC$.

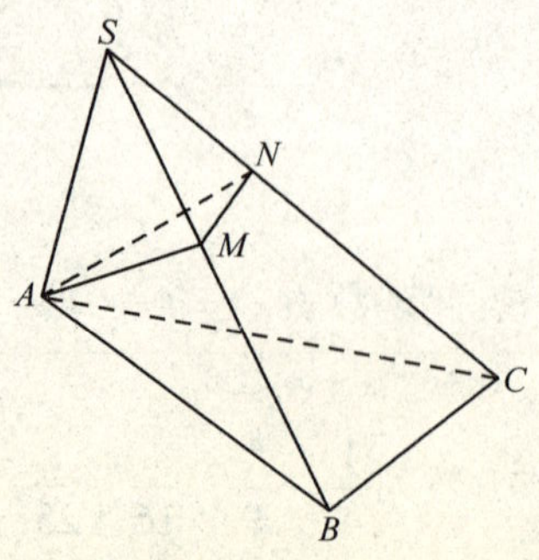

准考证号：________ 姓名：________ 班级：________ 学校：________
（请不要在密封线内答题）

模拟综合试卷（九）

本试卷分第Ⅰ卷和第Ⅱ卷．考生作答时，须将答案写在答题卡上，在本试卷、草稿纸上答题均无效．满分150分．考试时间120分钟．考试结束后，将本试卷和答题卡一并交回．

第Ⅰ卷（共60分）

一、选择题（每题4分，共60分．每题所给的四个选项中，只有一个正确答案，请在答题卡上将该项涂黑）

1. 已知集合 $A=\{a,b,c\}$，$B=\{b,c\}$，则集合 $A\cup B$ 的所有子集的个数是（　　）．

A. 4　　B. 6　　C. 7　　D. 8

2. 不等式 $|3-2x|<5$ 的解集是（　　）．

A. $\{x|-2<x<8\}$　　B. $\{x|x<2$ 或 $x>8\}$

C. $\{x|-1<x<4\}$　　D. $\{x|x<-1$ 或 $x>4\}$

3. 设 $2^{x-1}<1$，则（　　）．

A. $x<0$　　B. $x<1$　　C. $x<2$　　D. $x>1$

4. 函数 $y=x^2-4x+5$（　　）．

A. 在 $(-\infty,2)$ 内是减函数　　B. 在 $(-\infty,4)$ 内是减函数

C. 在 $(-\infty,2)$ 内是增函数　　D. 在 $(-\infty,4)$ 内是增函数

5. 已知 $y=\log_a x$（$a>0$ 且 $a\neq1$）的图像过定点 M，则 M 的坐标只可能是（　　）．

A. $(0,1)$　　B. $(1,0)$　　C. $(1,1)$　　D. $(0,0)$

6. $\sin x=\frac{\sqrt{2}}{2}$ 是 $x=\frac{\pi}{4}$ 的（　　）条件

A. 充分不必要　　B. 必要不充分　　C. 充要　　D. 既不充分也不必要

7. 已知 $1+2\sin x=a$，则实数 a 的取值范围是（　　）．

A. $(-\infty,-1)$　　B. $[3,+\infty)$

C. $(-\infty,-1)\cup[3,+\infty)$　　D. $[-1,3]$

8. 椭圆 $x^2+4y^2=1$ 的离心率为（　　）．

A. $\frac{\sqrt{3}}{2}$　　B. $\frac{3}{4}$　　C. $\frac{\sqrt{2}}{2}$　　D. $\frac{2}{3}$

9. 如果 $\cos\alpha=\frac{1}{3}$，且 $\alpha\in\left(0,\frac{\pi}{2}\right)$，那么 $\cos\frac{\alpha}{2}$ 的值等于（　　）．

A. $\frac{\sqrt{6}}{3}$　　B. $-\frac{\sqrt{6}}{3}$　　C. $\frac{7}{9}$　　D. $-\frac{7}{9}$

10. 设向量 $\vec{a}(1,0)$，$\vec{b}\left(\frac{1}{2},\frac{1}{2}\right)$，则下列结论正确的是（　　）．

A. $|\vec{a}|=|\vec{b}|$　　B. $\vec{a}\cdot\vec{b}=\frac{\sqrt{2}}{2}$　　C. $\vec{a}//\vec{b}$　　D. $\vec{a}-\vec{b}$ 与 $\vec{b}$ 垂直

11. 斜率为2的直线经过 $(2,5)$，$(a,-7)$ 两点，则 a 等于（　　）．

A. 4　　B. −4　　C. −22　　D. 22

12. 已知等差数列 $\{a_n\}$ 的通项公式 $a_n=3-2n$，则公差 d 为（　　）．

A. 2　　B. 3　　C. −2　　D. −3

13. 线段 $AB=2(A\in\alpha)$，它在平面 α 内的射影为 $\sqrt{3}$，则线段 AB 所在直线与平面 α 所成的角是（　　）．

A. 30°　　B. 60°　　C. 120°　　D. 8 150°

14. $(1+2x)^{10}$ 的展开式中二项式系数最大的项是（　　）．

A. 第5项　　B. 第6项　　C. 第7项　　D. 第8项

15. 4名职校生选报三个单位实习，每人选报一个单位，则不同的选报种类有（　　）．

A. 4^3 种　　B. 3^4 种　　C. P_4^3 种　　D. C_4^3 种

第Ⅱ卷（共90分）

二、填空题（每题4分，共20分．把答案填写在题中的横线上）

16. 函数 $f(x)=\sqrt{x^2-x-2}$ 的定义域是________．

17. 在等比数列 $\{a_n\}$ 中，$a_3\cdot a_5=5$，那么 $a_1a_3a_5a_7=$________．

18. $\cos(-240°)=$________．

19. 抛物线 $x^2=16y$ 焦点到准线的距离为________．

20. 长方体 $ABCD-A_1B_1C_1D_1$ 中，$AB=3$，$BC=3$，$AA_1=4$，则二面角 D_1-AB-D 的余弦值为________．

三、解答题（本大题共7题，每小题10分，共70分．解答应写出文字说明、证明过程或推演步骤）

21. 计算：$\lg1+\lg100+2^{\log_2 3+1}-9^{\log_3 2}$

22. 设某牌号的汽车在一种路面上的刹车距离 s（米）与汽车车速 x（千米/时）之间的关系是 $s=0.05x+\frac{x^2}{200}$，为了避免交通事故，规定该车的刹车距离不大于 10 米，求该车的车速不得超过多少千米每小时？

23. 如图所示，一海轮在海上 A 处以每小时 80 海里的速度沿着南偏东 40°的方向航行，这时观测到灯塔 B 在南偏东 70°的方向上，航行 1 小时到达 C 处，在 C 处观测到原灯塔 B 在北偏东 65°方向上，问这时 C 到灯塔 B 的距离是多少？

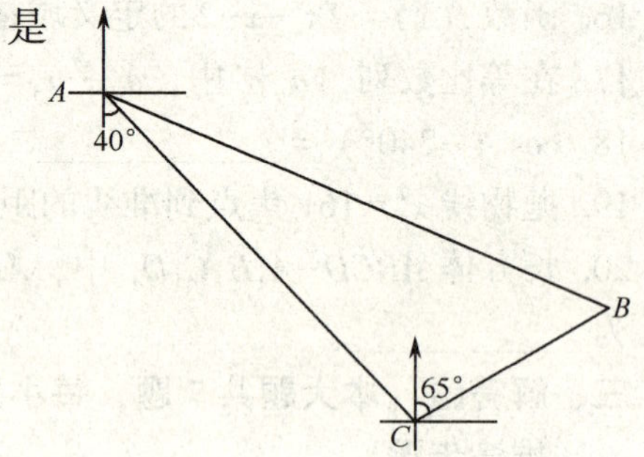

24. 求中心在原点，对称轴为坐标轴，一个焦点是（-4,0），一条渐近线是 $3x-2y=0$ 的双曲线方程及离心率.

25. 在等差数列$\{a_n\}$中，$a_4=70$，$a_{21}=-100$，求数列的首项和公差，并写出数列的通项公式 a_n 及 s_{21}.

26. 已知△ABC 中点 A（1，3），B（3，-1），C（9，7），D 是 BC 上一点，且$\overrightarrow{BD}=\frac{1}{5}\overrightarrow{BC}$.

（1）求点 D 的坐标；

（2）求证：$AD\perp BC$；

（3）求△ABC 的面积.

27. 如图所示，CD 是直角△ABC 斜边 AB 上的高，$AD=3$，$BD=6$，$CD=3\sqrt{2}$，把△ACD 绕 CD 旋转到△$A'CD$ 位置，使二面角 $A'-CD-B$ 为 60°.

（1）求证：平面 $A'BC\perp$平面 $A'CD$；

（2）求二面角 $A'-BC-D$ 的大小.

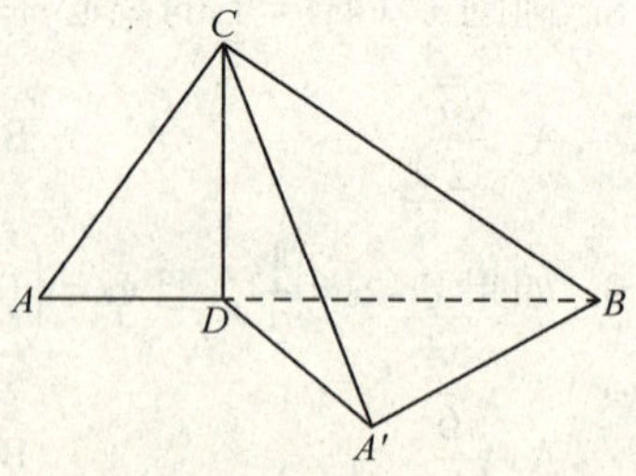

学校：__________ 班级：__________ 姓名：__________ 准考证号：__________

（请 不 要 在 密 封 线 内 答 题）

模拟综合试卷（十）

本试卷分第Ⅰ卷和第Ⅱ卷．考生作答时，须将答案写在答题卡上，在本试卷、草稿纸上答题均无效．满分 150 分．考试时间 120 分钟．考试结束后，将本试卷和答题卡一并交回．

第Ⅰ卷（共 60 分）

一、选择题（每题 4 分，共 60 分．每题所给的四个选项中，只有一个正确答案，请在答题卡上将该项涂黑）

1. 若 $a=1$，$A=\{x \mid x<\sqrt{2}\}$，则正确的是（　　）．

A. $a \subsetneqq A$　　B. $\{a\} \subsetneqq A$　　C. $\{a\} \in A$　　D. $\{a\} \notin A$

2. 若 a，b 是任意实数，且 $a>b$，则（　　）．

A. $a^2>b^2$　　B. $\frac{b}{a}<1$　　C. $\lg(a-b)>0$　　D. $\left(\frac{1}{2}\right)^a<\left(\frac{1}{2}\right)^b$

3. 若函数 $f(x)=x^2+2x+1$，则 $f(f(0))=$（　　）．

A. 4　　B. 3　　C. 2　　D. 0

4. 不等式 $x^2+6x+9>0$ 的解集为（　　）．

A. $\varnothing$　　B. $\mathbf{R}$　　C. $\{x \mid x\leqslant -3\}$　　D. $\{x \mid x\neq -3\}$

5. 已知：p：$x^2\geqslant -x$，q：$|x|=x$，则 p 是 q 的（　　）条件．

A. 充分不必要　　B. 必要不充分　　C. 充要　　D. 既不充分也不必要

6. 已知 $\log_3 7=a$，$\log_2 3=b$，则 $\log_2 7=$（　　）．

A. $\frac{a}{b}$　　B. $a+b$　　C. $2ab$　　D. ab

7. 埃及一金字塔最下面一级石阶高 120cm，第二级石阶高 118cm，石阶高度依次成等差数列，共 50 级，则该金字塔的高度是（　　）．

A. 45.5m　　B. 35m　　C. 35.5m　　D. 38m

8. 下列函数中，在区间 $(-1, +\infty)$ 上为减函数的是（　　）．

A. $y=-\frac{2}{x}$　　B. $y=x^2-2x+3$　　C. $y=\frac{3}{x}$　　D. $y=-x^2-4x+3$

9. 已知向量 $\vec{a}$ $(-2, 4)$，$\vec{b}$ $(1, -2)$，则 $\vec{a}$ 与 $\vec{b}$ 的关系是（　　）．

A. 不共线　　B. 相等　　C. 同向　　D. 反向

10. 函数 $y=\sqrt{2}\sin 2x\cos 2x$ 是（　　）．

A. 周期为 $\frac{\pi}{2}$ 的奇函数　　B. 周期为 $\frac{\pi}{2}$ 的偶函数

C. 周期为 $\frac{\pi}{4}$ 的奇函数　　D. 周期为 $\frac{\pi}{4}$ 的偶函数

11. 如图所示，曲线对应的解析式为（　　）．

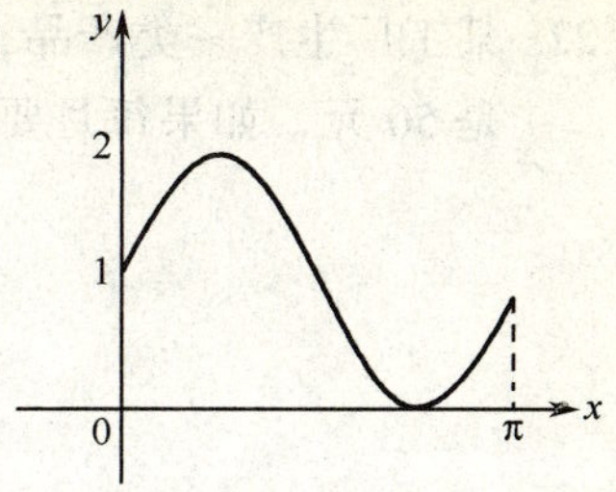

A. $y=\sin x+1$　　B. $y=\sin 2x+1$

C. $y=\cos x$　　D. $y=\cos 2x$

12. 圆 $x^2+y^2+2x-4y-a=0$ 的半径为 3，则 $a=$（　　）．

A. 8　　B. 4

C. 2　　D. 14

13. 抛物线 $y=\frac{1}{4}x^2$ 的焦点坐标为（　　）．

A. $\left(0, \frac{1}{16}\right)$　　B. $\left(\frac{1}{16}, 0\right)$　　C. $(0, 1)$　　D. $(1, 0)$

14. 正四面体的棱长为 2，则体积是（　　）．

A. $\frac{\sqrt{2}}{3}$　　B. $\frac{2\sqrt{2}}{3}$　　C. $\frac{4\sqrt{2}}{3}$　　D. $\frac{2\sqrt{3}}{3}$

15. 有登山运动员 10 名，要平均分为两组，其中熟悉道路的运动员有 4 名，每组都需要 2 人，那么不同的分配方法的种数为（　　）．

A. 30　　B. 60　　C. 120　　D. 240

第Ⅱ卷（共 90 分）

二、填空题（每题 4 分，共 20 分．把答案填写在题中的横线上）

16. $9\frac{3}{8}$ 与 $1\frac{1}{2}$ 的等比中项是__________．

17. 椭圆 $2x^2+3y^2=6$ 的焦距为__________．

18. 二项式 $(\sqrt{x}-1)^8$ 的展开式中的第 5 项是__________．

19. 某气象站天气预报的准确率为 0.8，计算 5 次预报中至少 4 次准确的概率是__________．（结果保留两位有效数字）

20. 在 $\triangle ABC$ 中，$a=2$，$c=4$，$A=30°$，则 $b=$__________．

三、解答题（本大题共 7 题，每小题 10 分，共 70 分．解答应写出文字说明、证明过程或推演步骤）

21. 求函数 $f(x)=\sqrt{1-\left(\frac{2}{3}\right)^x}+\lg(3x-1)$ 的定义域．

22. 某工厂生产一类产品，每月固定投资成本是12万元，每件产品变动成本是20元，售价是50元，如果每月要求获得的利润不低于3万元，则每月至少需要销售多少件产品？

23. 已知 $\tan\left(\dfrac{\pi}{4}+\theta\right)=3$，求：

（1）$\tan\theta$；

（2）$\sin 2\theta-2\cos\theta^2$.

24. 已知$\overrightarrow{OA}=(2,-1)$，$\overrightarrow{AB}=(6,n)$，$\overrightarrow{OB}=(2m,m)$，求：

（1）$|\overrightarrow{OA}|$的值；（2）m，n的值；（3）$\overrightarrow{OA}\cdot\overrightarrow{OB}$.

25. 已知数列$\{a_n\}$的首项为1，$a_{n+1}=2a_n+n-1$，求：

（1）a_2 和 a_3；

（2）数列$\{a_n+n\}$的通项公式；

（3）数列$\{a_n\}$的通项公式.

26. 如图所示，已知D是等腰直角三角形ABC斜边BC的中点，$AB=\sqrt{6}$，P是平面ABC外一点，$PC\perp$面ABC，$DE\perp PB$于点E，$DE=1$.

（1）求证：$AD\perp$面PBC；

（2）求二面角$A-PB-C$的大小.

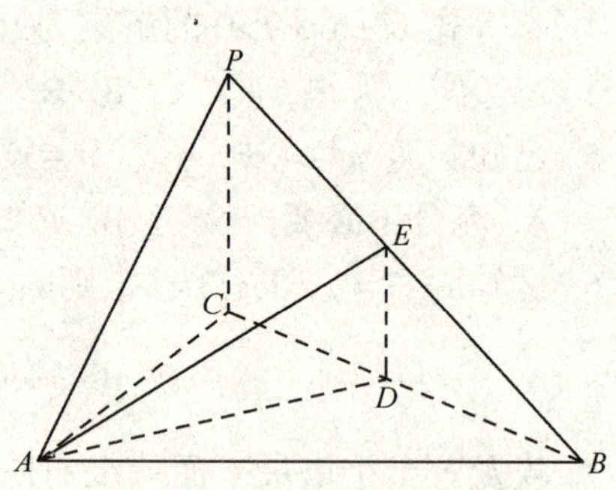

27. 过点P（5，1）引直线交$y^2=2x$于A，B两点，若点P恰好是线段AB的中点，求此直线方程.

学校：________ 班级：________ （请不要在密封线内答题） 姓名：________ 准考证号：________

模拟综合试卷（十一）

本试卷分第Ⅰ卷和第Ⅱ卷. 考生作答时，须将答案写在答题卡上，在本试卷、草稿纸上答题均无效. 满分150分. 考试时间120分钟. 考试结束后，将本试卷和答题卡一并交回.

第Ⅰ卷（共60分）

一、选择题（每题4分，共60分. 每题所给的四个选项中，只有一个正确答案，请在答题卡上将该项涂黑）

1. 已知集合 $A=\{x\in \mathbf{Z}\mid 3x^2-x=0\}$，那么（　　）.

A. $A=0$　　B. $A=\varnothing$　　C. $A=\{0\}$　　D. $A=\left\{0,\ \frac{1}{3}\right\}$

2. 不等式 $x^2+bx+\frac{1}{4}<0$ 的解集是$\varnothing$，那么（　　）.

A. $b\leqslant -1$ 或 $b\geqslant 1$　　B. $b<-1$ 或 $b>1$　　C. $-1\leqslant b\leqslant 1$　　D. $-1<b<1$

3. 下列各函数中不是幂函数的是（　　）.

A. $y=2^x$　　B. $y=\frac{1}{x}$　　C. $y=x$　　D. $y=x^2$

4. 已知函数 $y=x(1-2x)$，则（　　）.

A. 当 $x=\frac{1}{4}$ 时有最大值 $\frac{1}{8}$　　B. 当 $x=-\frac{1}{4}$ 时有最大值 $\frac{1}{8}$

C. 当 $x=\frac{1}{4}$ 时有最大值 $-\frac{1}{8}$　　D. 当 $x=-\frac{1}{4}$ 时有最大值 $-\frac{1}{8}$

5. $y=(2-a)^x$ 在其定义域内为减函数，则 a 的取值范围是（　　）.

A. (0, 1)　　B. (1, 2)　　C. (2, 3)　　D. (−1, 2)

6. 若空间有四点，则这四点中三点共线是这四个点共面的（　　）条件.

A. 充分不必要　　B. 必要不充分

C. 充要　　D. 既不充分也不必要

7. 下列各数为负数的是（　　）.

A. sin1　　B. cos1.5　　C. tan3　　D. tan4

8. 原点到直线 $3x-4y-5=0$ 的距离是（　　）.

A. 25　　B. 5　　C. $\sqrt{5}$　　D. 1

9. 长方体各面面积之和是9，所有棱的总长度是20，则对角线的长度为（　　）.

A. 4　　B. 5　　C. 3　　D. 6

10. 过点（0，1）且与抛物线 $y^2=x$ 只有一个公共点的直线有（　　）条.

A. 0　　B. 1　　C. 2　　D. 3

11. 在$\triangle ABC$中，已知 $AB=3$，$AC=4$，$\angle A=45°$，则$\triangle ABC$的面积为（　　）.

A. $3\sqrt{2}$　　B. $3\sqrt{3}$　　C. $6\sqrt{3}$　　D. $6\sqrt{2}$

12. 某校一幢教学楼每层有2个楼梯，一学生从一层到五层的走法有（　　）种.

A. 16　　B. 10　　C. 32　　D. 20

13. 已知 $\vec{a}$（3，0），$\vec{b}$（−5，5），则 $\vec{a}$ 与 $\vec{b}$ 的夹角为（　　）.

A. $\frac{\pi}{4}$　　B. $\frac{\pi}{3}$　　C. $\frac{3\pi}{4}$　　D. $\frac{2\pi}{3}$

14. 等差数列21，18，15，…中，从（　　）项开始为负数.

A. 7　　B. 8　　C. 9　　D. 10

15. 把函数 $y=3\sin\frac{x}{2}$ 的图像向右平移 $\frac{\pi}{3}$ 个单位，再向上平移1个单位，所得到的函数解析式为（　　）.

A. $y=3\sin\left(\frac{x}{2}-\frac{\pi}{6}\right)+1$　　B. $y=3\sin\left(\frac{x}{2}+\frac{\pi}{6}\right)+1$

C. $y=3\sin\left(\frac{x}{2}-\frac{\pi}{3}\right)+1$　　D. $y=3\sin\left(\frac{x}{2}+\frac{\pi}{3}\right)+1$

第Ⅱ卷（共90分）

二、填空题（每题4分，共20分. 把答案填写在题中的横线上）

16. 数列 $\frac{3}{5}$，$-\frac{4}{8}$，$\frac{5}{11}$，$-\frac{6}{14}$ 的一个通项公式为________.

17. 函数 $\sqrt{1-x^2}$ 的定义域为________.

18. 经过圆 $(x-2)^2+(y+3)^2=25$ 上的一点（−1，1）的切线方程为________.

19. 已知 $\sin\frac{\theta}{2}+\cos\frac{\theta}{2}=\frac{1}{2}$，则 $\sin\theta=$________.

20. 设 $5^{\lg x}=25$，则 $x=$________.

三、解答题（本大题共7题，每小题10分，共70分. 解答应写出文字说明、证明过程或推演步骤）

21. 某宾馆有房间50间，现在每天每间房租金为50元，基本上每天客满；如果提高租金，则客人减少，预计每间房租金提高5元，即有一个房间空出来，要使每天收入最高，房间的租金应定为多少？

22. 某种细胞分裂时，由 1 个变 2 个，2 个变 4 个，4 个变 8 个，……，现有这样的细胞 2 个，分裂 9 次后得到的细胞个数为多少？

23. 已知 $\vec{a}\left(\sin x,\ \dfrac{3}{2}\right)$，$\vec{b}$（$\cos x$，$-1$），若 $\vec{a}/\!/\vec{b}$ 时，求 $2\cos^2 x-\sin 2x$ 的值.

24. 三个数组成等差数列，三个数的和为 9，三个数的平方和为 35，求这三个数.

25. 利用单调性定义证明函数 $f(x)=-\dfrac{1}{x}$ 在（$-\infty$，0）上是增函数.

26. 已知双曲线与椭圆 $\dfrac{x^2}{49}+\dfrac{y^2}{24}=1$ 共焦点，且以 $y=\pm\dfrac{4}{3}x$ 为渐近线，求此双曲线方程.

27. 如图所示，$\triangle DBC$ 是边长为 2 的等边三角形，且 $AD\perp$ 面 BCD，E 是 BC 的中点.

（1）求证：$BC\perp$ 面 ADE；

（2）若平面 ABC 与平面 BDC 所成的角为 60°，求点 D 到平面 ABC 的距离.

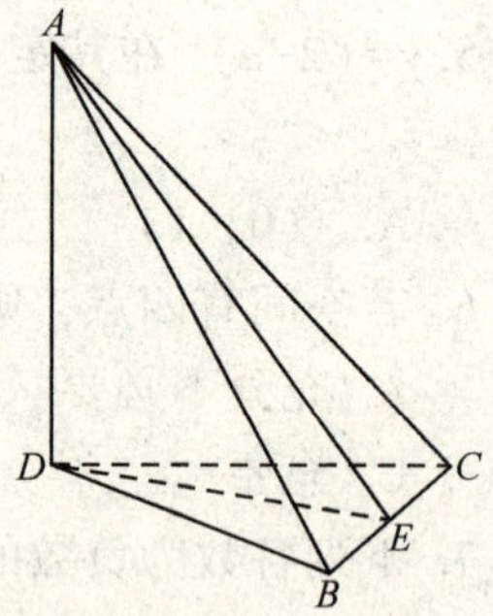

准考证号：__________ 姓名：__________ 班级：__________ 学校：__________

（请不要在密封线内答题）

模拟综合试卷（十二）

本试卷分第Ⅰ卷和第Ⅱ卷．考生作答时，须将答案写在答题卡上，在本试卷、草稿纸上答题均无效．满分 150 分．考试时间 120 分钟．考试结束后，将本试卷和答题卡一并交回．

第Ⅰ卷（共 60 分）

一、选择题（每题 4 分，共 60 分．每题所给的四个选项中，只有一个正确答案，请在答题卡上将该项涂黑）

1. 若集合 $M=\{1, 2\}$，$N=\{2, 3\}$，则 $M\cup N$ 等于（　　）．

A. $\{2\}$　　B. $\{1\}$　　C. $\{1, 3\}$　　D. $\{1, 2, 3\}$

2. 已知 α 是锐角，则 2α 是（　　）．

A. 第一象限角　　B. 第二象限角

C. 第一或第二象限角　　D. 小于 180°的正角

3. 下列函数中是偶函数的是（　　）．

A. $y=\cos x$　　B. $y=\sin x$

C. $y=(x-1)^2$　　D. $y=x^2$，$x\in[-2, 3]$

4. 下列命题中正确的是（　　）．

A. $x>3$ 是 $x>5$ 的充分条件　　B. $a>b$ 是 $ac^2>bc^2$ 的必要条件

C. $x^2=1$ 是 $x=1$ 的充分条件　　D. $\alpha=\frac{\pi}{2}$是 $\sin\alpha=1$ 的充要条件

5. 抛物线 $y=\frac{1}{2}x^2$ 的焦点坐标是（　　）．

A. $\left(-\frac{1}{2}, 0\right)$　　B. $\left(\frac{1}{2}, 0\right)$　　C. $\left(0, \frac{1}{2}\right)$　　D. $\left(0, -\frac{1}{2}\right)$

6. 袋内有 10 个球，其中 4 个红球，3 个黄球，3 个蓝球，从中任取 2 个球，都是红球的概率为（　　）．

A. $\frac{1}{2}$　　B. $\frac{2}{5}$　　C. $\frac{2}{15}$　　D. $\frac{8}{15}$

7. 函数 $f(x)=|x|$在区间$[-2, 2]$上的单调性是（　　）．

A. 单调递增　　B. 单调递减　　C. 先递增后递减　　D. 先递减后递增

8. 已知四边形 $ABCD$，$\overrightarrow{AB}=-2\overrightarrow{CD}$，则该四边形是（　　）．

A. 梯形　　B. 矩形　　C. 菱形　　D. 正方形

9. 下列命题中错误的是（　　）．

A. 平行于同一条直线的两条直线互相平行

B. 如果一个平面经过另一个平面的一条垂线，那么这两个平面互相垂直

C. 如果一条直线与平面内的两条直线都垂直，那么这条直线垂直于这个平面

D. 如果两条平行线中有一条垂直于一个平面，那么另一条也垂直于这个平面

10. 不等式$\log_2(2x-1)>1$ 的解集是（　　）．

A. $\{x\mid x>1\}$　　B. $\left\{x\mid x<\frac{3}{4}\right\}$

C. $\left\{x\,\middle|\,\frac{1}{2}<x<\frac{3}{4}\right\}$　　D. $\left\{x\mid x>\frac{3}{2}\right\}$

11. 等比数列 1，2，4，…的前 100 项之和是（　　）．

A. $1-2^{100}$　　B. $2^{100}-1$　　C. $1-2^{99}$　　D. $2^{99}-1$

12. 已知 $M(2, -3)$ 到直线 $2x+y+c=0$ 的距离为$\sqrt{5}$，则 c 的值为（　　）．

A. 4 或−6　　B. −4 或 6　　C. 4　　D. −6

13. 已知$\overrightarrow{AB}=(x, 1)$，$\overrightarrow{CD}=(-4, 2)$，若$\overrightarrow{AB}/\!/\overrightarrow{CD}$，则 x 的值为（　　）．

A. 2　　B. −2　　C. $\frac{1}{2}$　　D. $-\frac{1}{2}$

14. 设 $k<0$，则二次曲线$\frac{x^2}{3-k}-\frac{y^2}{k}=1$ 的焦点坐标为（　　）．

A. $(\pm3, 0)$　　B. $(0, \pm3)$　　C. $(\pm\sqrt{3}, 0)$　　D. 不能确定

15. 如图所示，二次函数 $y=f(x)$ 与一次函数 $y=g(x)$的图像交于 $A(-1, -2)$，$B(4, 2)$ 两点，则使 $f(x)<g(x)$ 的 x 取值范围是（　　）．

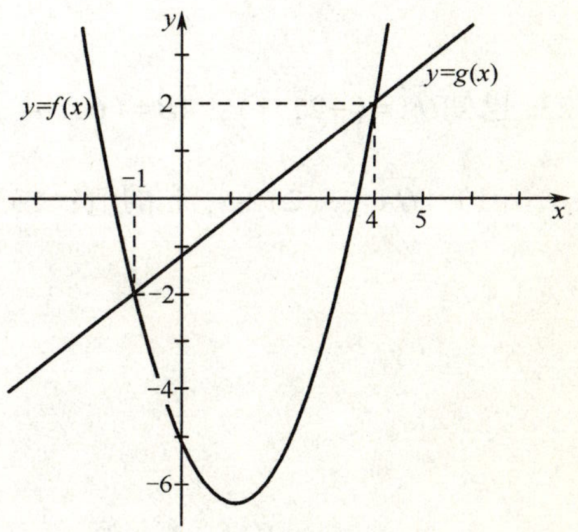

A. $(-\infty, -1)$

B. $(-1, 4)$

C. $(4, +\infty)$

D. $(-\infty, -1)\cup(4, +\infty)$

第Ⅱ卷（共 90 分）

二、填空题（每题 4 分，共 20 分．把答案填写在题中的横线上）

16. 计算 $\tan(-570°)=$__________．

17. 棱长为 6 的正方体内能容纳的最大的球体的体积为__________．

18. 若圆 $x^2+4x+y^2-my=0$ 的半径为$\sqrt{5}$，则 m 的值为__________．

19. 在二项式$(1-2x)^9$ 的展开式中，x^3 的系数等于__________．（用数字作答）

20. 若曲线 $y=2^x+1$ 与直线 $y=b$ 没有公共点，则 b 的取值范围是__________．

三、解答题（本大题共7题，每小题10分，共70分. 解答应写出文字说明、证明过程或推演步骤）

21. 计算$\left(\frac{1}{8}\right)^{-\frac{2}{3}}+\log_{\sqrt{2}}0.25+(\cos2017\pi)^{\lg1}+(\sqrt[3]{81})^{\frac{3}{2}}$.

22. 已知数列$\{a_n\}$的前n项和$S_n=n^2-n$（$n\in\mathbf{N}_+$）.

（1）求数列$\{a_n\}$的通项公式；

（2）求$a_{100}+a_{101}+\cdots+a_{150}$的值.

23. 已知$\overrightarrow{OA}=(-2,1)$，$\overrightarrow{AB}=(6,n)$，$\overrightarrow{OB}=\left(2m,\frac{1}{2}n\right)$，求

（1）$|\overrightarrow{OA}|$；（2）m，n的值；（3）$\overrightarrow{OA}\cdot\overrightarrow{OB}$.

24. 已知曲线C的方程为$\frac{x^2}{k}+\frac{y^2}{4-k}=1$　（$k\in\mathbf{R}$）.

（1）若曲线C是椭圆，求k的取值范围；

（2）当$k=6$时，求准线过该曲线C的左焦点的抛物线方程.

25. 在锐角三角形ABC中，a，b，c分别为内角A，B，C所对的边，且满足$\sqrt{3}a-2b\sin A=0$.

（1）求角B的大小；

（2）若$a=8$，$c=6$，求$\triangle ABC$的面积.

26. 如图，$PA\perp$平面ABC，$PC\perp BC$，求证：

（1）平面$PBC\perp$平面PAC；

（2）若$\angle ABC=45°$，$PA=AB=4$，$AD\perp PC$于D，求点A到平面PBC的距离.

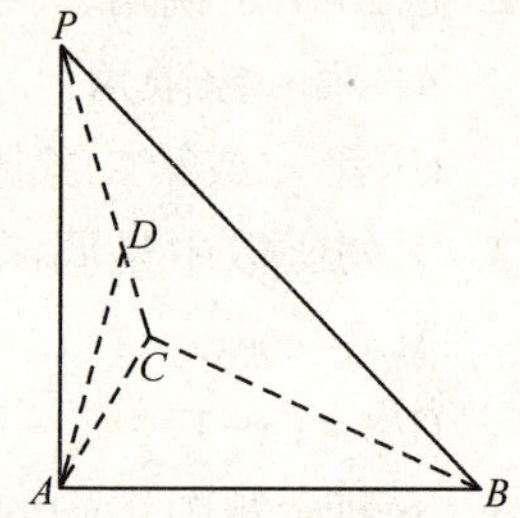

27. 某商场将进价为2000元的冰箱以2400元售出，平均每天能售出8台，为了配合国家"家电下乡"政策的实施，商场决定采取适当的降价措施.

调查表明：这种冰箱的售价每降低50元，平均每天就能多售出4台.

（1）假设每台冰箱降价x元，商场每天销售这种冰箱的总利润是y元，请写出y与x之间的函数表达式；(不要求写自变量的取值范围)

（2）商场要想在这种冰箱销售中每天盈利4800元，同时又要使百姓得到实惠，每台冰箱应降价多少元?

（3）每台冰箱降价多少元时，商场每天销售这种冰箱的利润最高？最高利润是多少？

学校：________ 班级：________ 姓名：________ 准考证号：________

（请不要在密封线内答题）

模拟综合试卷（十三）

本试题卷分第Ⅰ卷和第Ⅱ卷．考生作答时，须将答案写在答题卡上，在本试卷、草稿纸上答题均无效．满分 150 分．考试时间 120 分钟．考试结束后，将本试卷和答题卡一并交回．

第Ⅰ卷（共 60 分）

一、选择题（每小题 4 分，共 60 分．每题所给的四个选项中，只有一个正确答案，请在答题卡上将该项涂黑）

1. 已知全集 $U=\mathbf{R}$，集合 $A=\{x \mid x^2-x-2<0\}$，则 $\complement_U A=$（　　）．

A. $\{x \mid x<2\}$　　B. $\{x \mid -1<x<2\}$

C. $\{x \mid x<-1\}$　　D. $\{x \mid x\leqslant -1$ 或 $x\geqslant 2\}$

2. "α 与 β 终边相同" 是 "$\sin\alpha=\sin\beta$" 的（　　）．

A. 充分不必要条件　　B. 必要不充分条件

C. 充要条件　　D. 既不充分也不必要条件

3. 下列从集合 A 到集合 B 的对应法则 f 是函数关系的是（　　）．

A. $A=\mathbf{R}$，$B=\mathbf{R}$，f：求平方　　B. $A=\mathbf{R}^+$，$B=\mathbf{R}$，f：求平方根

C. $A=\mathbf{R}$，$B=\mathbf{R}$，f：求倒数　　D. $A=\mathbf{R}$，$B=\mathbf{R}^+$，f：求相反数

4. 等腰梯形的周长为 60cm，底角为 60°，当梯形面积最大时，梯形的腰为（　　）．

A. 7.5cm　　B. 15cm　　C. 12.5cm　　D. 30cm

5. 函数 $f(x)=\sqrt{\log_{\frac{1}{2}}x-1}$ 的定义域是（　　）．

A. $[2,+\infty)$　　B. $\left[\frac{1}{2},+\infty\right)$　　C. $(1,+\infty)$　　D. $\left(0,\frac{1}{2}\right]$

6. $\triangle ABC$ 中，$\sin A:\sin B:\sin C=2:3:4$，则 $\triangle ABC$ 是（　　）．

A. 锐角三角形　　B. 直角三角形　　C. 钝角三角形　　D. 等腰直角三角形

7. 两个数 $7+3\sqrt{5}$ 和 $7-3\sqrt{5}$ 的正等比中项为（　　）．

A. ±2　　B. 2　　C. 4　　D. 7

8. 已知向量 $\vec{a}=(\tan\theta,-1)$，$\vec{b}=(\cos\theta,\sin\theta)$，则向量 $\vec{a}$ 与 $\vec{b}$ 的关系是（　　）．

A. 共线　　B. 垂直　　C. 相等　　D. 互为相反向量

9. 已知 $A(3,-2)$，$B(-5,6)$，则线段 AB 的垂直平分线的方程是（　　）．

A. $x-y+3=0$　　B. $x+y-1=0$　　C. $2x+y-4=0$　　D. $x-2y-7=0$

10. 圆 $x^2+y^2-2x-4=0$ 与直线 $2x+y+3=0$ 的位置关系是（　　）．

A. 相离　　B. 相切

C. 相交但不过圆心　　D. 相交且过圆心

11. 抛物线 $x^2=-8y$ 的准线方程是（　　）．

A. $y=2$　　B. $x=\frac{1}{32}$　　C. $y=-2$　　D. $x=-\frac{1}{32}$

12. 一个圆锥和一个圆柱的底面半径相等，圆锥的高是圆柱的 2 倍，则正确的说法是（　　）．

A. 圆锥的体积比圆柱的体积大　　B. 圆锥的体积与圆柱的体积一样大

C. 圆锥的体积比圆柱的体积小　　D. 无法确定它们谁大谁小

13. 某商场有四类食品，其中粮食类、植物油类、动物性食品类及果蔬类分别有 40 种、10 种、30 种、20 种，现从中抽取一个容量为 20 的样本进行食品安全检测．若采用分层抽样的方法抽取样本，则抽取的植物油类与果蔬类食品种数之和是（　　）．

A. 4　　B. 5　　C. 6　　D. 7

14. 甲、乙两队进行篮球比赛，甲队获胜的概率为 0.6，如果两队比赛三场，则甲队恰胜两场的概率是（　　）．

A. 0.6^2　　B. $0.6^2\times0.4$　　C. $3\times0.6^2\times0.4$　　D. $3\times0.6\times0.4^2$

15. 计算：$5^{1+\log_{25}4}-\left(\frac{8}{27}\right)^{-\frac{1}{3}}+\sqrt{\left(-\frac{1}{2}\right)^2}=$（　　）．

A. 8　　B. 9　　C. 10　　D. 11

第Ⅱ卷（共 90 分）

二、填空题（每题 4 分，共 20 分．把答案填写在题中的横线上）

16. 若集合 $B=\{0,1,2\}$，则使 $A\subsetneqq B$ 成立的集合 A 的个数为________．

17. 比较大小：$\sin\frac{15\pi}{8}$________$\tan\frac{8\pi}{7}$．

18. 等差数列 $\{a_n\}$ 中，$a_4+a_5+a_6=17$，$a_7+a_8+a_9=29$，则 $a_{16}+a_{17}+a_{18}=$________．

19. 与 $\frac{x^2}{9}-\frac{y^2}{16}=1$ 有共同渐近线，并且经过 $P(-3,2\sqrt{3})$ 点的双曲线方程是________．

20. $\left(\sqrt{x}+\frac{1}{\sqrt[3]{x}}\right)^n$ 的二项式系数的和是 32，则展开式中的常数项是________．

三、解答题（本大题共 7 题，每小题 10 分，共 70 分．解答应写出文字说明、证明过程或推演步骤）

21. 已知函数 $f(x)=x^2+a|x|$ 过点（2，0）．

（1）判断函数的奇偶性；

（2）用定义证明函数在区间 $(0,1)$ 上为减函数．

22.（1）某种储蓄的月利率是0.36%，今存入本金100元，求本金与利息的和（即本息和）y（元）与所存月数 x 之间的函数关系式，并计算5个月后的本息和（不计复利）.

（2）按复利计算利息的一种储蓄，本金为 a 元，每期利率为 r，设本利和为 y，存期为 x，写出本利和 y 随存期 x 变化的函数式. 如果存入本金1 000元，每期利率2.25%，试计算4期后的本利和是多少？

23. 已知函数 $f(x)=2\sin 2x+2\sqrt{3}\sin x\cos x+a$（$a\in\mathbf{R}$）.

（1）求函数 $f(x)$ 的最小正周期；

（2）若 $x\in\mathbf{R}$，求 $f(x)$ 的单调增区间；

（3）若 $x\in\left[0,\dfrac{\pi}{2}\right]$，$f(x)$ 的最大值为6，求 a 的值.

24. 已知数列 $\{a_n\}$ 的前 n 项和为 $S_n=\dfrac{1}{3}(a_n-1)$.

（1）求 a_1，a_2；

（2）求证：数列 $\{a_n\}$ 是等比数列；

（3）若 $b_n=\log_2(-1)^n a_n$，求数列 $\{b_n\}$ 的前 n 项和公式 T_n.

25. 已知 O 为坐标原点，向量 $\overrightarrow{OA}=(-2,3)$，点 $B(-1,1)$，$C(5,4)$，$\overrightarrow{OE}=\dfrac{2}{3}\overrightarrow{OB}+\dfrac{1}{3}\overrightarrow{OC}$.

（1）求点 E 的坐标；

（2）证明 $\overrightarrow{BE}/\!/\overrightarrow{BC}$；

（3）求夹角 $\langle\overrightarrow{EA},\overrightarrow{EC}\rangle$.

26. 已知椭圆 C 的左、右焦点坐标分别是 $(-\sqrt{2},0)$，$(\sqrt{2},0)$，离心率是 $\dfrac{\sqrt{6}}{3}$，直线 $y=t$ 与椭圆 C 交于不同的两点 M、N，以线段 MN 为直径作圆 P，圆心为 P.

（1）求椭圆 C 的方程；

（2）若圆 P 与 x 轴相切，求圆 P 的标准方程.

27. 如图，在正三棱锥 P-ABC 中，D，E，F 分别是 PA，PB，PC 的中点，

（1）求证：平面 $DEF/\!/$平面 ABC；

（2）若三棱锥底面周长为6，侧面积为 $2\sqrt{3}$，求侧面与底面所成角的大小.

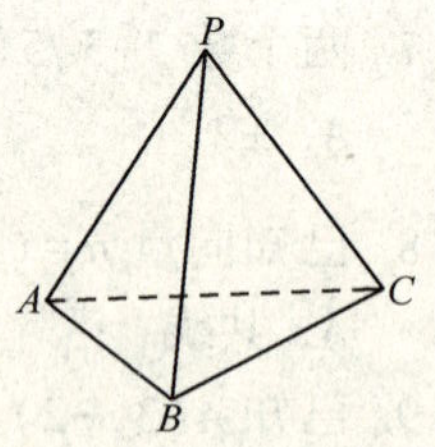

学校：________ 班级：________ 姓名：________ 准考证号：________
（请不要在密封线内答题）

模拟综合试卷（十四）

本试题卷分第Ⅰ卷和第Ⅱ卷，共两部分. 考生作答时，须将答案写在答题卡上，在本试卷、草稿纸上答题均无效. 满分150分. 考试时间120分钟. 考试结束后，将本试卷和答题卡一并交回.

第Ⅰ卷（共60分）

一、选择题（每题4分，共60分. 每题所给的四个选项中，只有一个正确答案，请在答题卡上将该项涂黑）

1. 设$A=\{x \mid y=x^2+1\}$，$B=\{y \mid y=x^2+1\}$，则$A\cap B=$（　　）.

A. $\mathbf{R}$　　B. $\varnothing$　　C. $[1,+\infty)$　　D. $[0,+\infty)$

2. 不等式$-x^2+4>0$的解集是（　　）.

A. $(-\infty,-2)\cup(2,+\infty)$　　B. $(-2,2)$

C. $x>\pm 2$　　D. $x<\pm 2$

3. 下列函数中，定义域为$(1,+\infty)$的是（　　）.

A. $y=2^{x-1}$　　B. $y=\lg(x-1)$　　C. $y=\lg(x-1)^2$　　D. $y=\sqrt{x-1}$

4. 函数$y=\sin x$在$[0,\pi]$的单调减区间是（　　）.

A. $[-1,1]$　　B. $\left[0,\frac{\pi}{2}\right]$　　C. $\left[\frac{\pi}{2},\pi\right]$　　D. $[0,\pi]$

5. 若$\sin\alpha\cdot\cos\alpha>0$，则$\alpha$是第（　　）象限角.

A. 二、三　　B. 一、四　　C. 一、三　　D. 二、四

6. 等差数列$\{a_n\}$前n项和为S_n，若$a_{1009}=1$，则$S_{2017}=$（　　）.

A. 2015　　B. 2016　　C. 2017　　D. 4034

7. 两个非零向量$\vec{a}$，$\vec{b}$，若$|\vec{a}|=|\vec{b}|$，则以下正确的是（　　）.

A. $\vec{a}=\vec{b}$　　B. $\vec{a}=\pm\vec{b}$　　C. $\vec{a}/\!/\vec{b}$　　D. $\vec{a}$与$\vec{b}$的模长相等

8. 设a，$b\in\mathbf{R}$，$n\in\mathbf{N}^*$，下列各式恒成立的是（　　）.

A. $|a+b|=|a|+|b|$　　B. $2^a\cdot 2^b=2^{a\cdot b}$

C. $(2^a)^b=2^{a\cdot b}$　　D. $(a+b)^n=a^n+b^n$

9. 已知$A(2,3)$，$B(4,9)$，若圆C以AB为直径，则圆C的方程为（　　）.

A. $(x-2)^2+(y-3)^2=10$　　B. $(x-4)^2+(y-9)^2=10$

C. $(x-3)^2+(y-6)^2=10$　　D. $(x+3)^2+(y+6)^2=10$

10. 双曲线$\frac{x^2}{3}-\frac{y^2}{9}=1$的两条渐近线的夹角大小为（　　）.

A. 45°　　B. 60°　　C. 90°　　D. 120°

11. AB为过椭圆$\frac{x^2}{a^2}+\frac{y^2}{b^2}=1$ $(a>b>0)$中心的弦，$F(c,0)$为椭圆的右焦点，则$\triangle AFB$的面积的最大值为（　　）.

A. bc　　B. ab　　C. ac　　D. b^2

12. 下列命题中，正确的是（　　）.

A. 垂直于同一条直线的两条直线平行

B. 空间四边形的内角和是360°

C. 两平行线中，有一条垂直于第三条直线，则另一条也垂直于第三条直线

D. 直线a与c异面，b与c异面，则a与c异面

13. 若函数$f(x)=\pi$ $(x\in\mathbf{R})$，则$f(x^2)=$（　　）.

A. π^2　　B. π　　C. $\sqrt{\pi}$　　D. 无法确定

14. 某车间共有员工100人，其中有机动车驾驶证的90人，现从这个车间中任抽3人，其中恰好2人有机动车驾驶证的概率是（　　）.

A. $\frac{C_{90}^2\cdot C_{10}^1}{C_{100}^3}$　　B. $\frac{P_{90}^2\cdot P_{10}^1}{P_{100}^3}$　　C. $\frac{C_{90}^2}{C_{100}^2}$　　D. $\frac{C_{10}^1}{C_{100}^1}$

15. 将$\cos 3°$，$\cos 3$与3按从小到大的顺序排列是（　　）.

A. $\cos 3°<\cos 3<3$　　B. $\cos 3<\cos 3°<3$

C. $\cos 3<3<\cos 3°$　　D. $3<\cos 3°<\cos 3$

第Ⅱ卷（共90分）

二、填空题（每题4分，共20分. 把答案填写在题中的横线上）

16. 已知函数$f(x)=\begin{cases}-x^3 & (x<0)\\ 2x & (x>0)\end{cases}$，若$f(a)=8$，则$a=$________.

17. 在$\triangle ABC$中，$\frac{5a}{\sin A}-\frac{3b}{\sin B}-\frac{2c}{\sin C}$的值是________.

18. 在二项式$\left(3x^2-\frac{2}{x}\right)^{10}$的展开式中，各项系数的和是________.

19. 若M是双曲线$\frac{x^2}{4}-y^2=1$上的一点，且点M到双曲线的一个焦点的距离是5，则M到另一个焦点的距离是________.

20. 5人站成一排照像，其中甲不站在排头，乙不站在排尾，不同的排法有________种.

三、解答题（本大题共6题，共70分. 解答题应写出文字说明、证明过程或推演步骤）

21. （10分）已知一次函数$f(x)$满足$f(1)=3$，$f(-3)=-1$.

（1）求$f(x)$的解析式；（2）解不等式$f^2(x)-2f(x)-3<0$.

22. (10 分) 在 $\triangle ABC$ 中，角 A、B、C 所对的边分别为 a，b，c，若 $\cos C-\sin A\cos B=\cos A\sin B$.

(1) 求角 C 的大小；(2) 若 $a=\sqrt{2}b$，$c=\sqrt{3}$，求 $\triangle ABC$ 的面积.

23. (12 分) 已知平行四边形 $ABCD$ 中，点 $A(-1,3)$，点 $B(0,6)$，点 $C(-2,1)$，E、F 分别是边 DC、BC 的中点.

(1) 求顶点 D 的坐标；(2) 求向量 $\overrightarrow{AE}$ 与 $\overrightarrow{AF}$ 夹角的余弦.

24. (12 分) 已知抛物线 $y^2=2px$ 的焦点 $F(1,0)$，P 是抛物线上的一动点，以及点 $A(3,2)$.

(1) 求抛物线的标准方程；

(2) 求 $|PF|+|PA|$ 的最小值，并求出此时 P 点的坐标.

25. (13 分) 已知数列 $\{a_n\}$ 的前 n 项和是 S_n，$a_1=1$，且点 (a_n,a_{n+1}) $(n\in\mathbf{N}^*)$ 均在直线 $y=2x+3$ 上.

(1) 证明数列 $\{a_n+3\}$ 是等比数列；

(2) 求 a_n；

(3) 求 S_n.

26. (13 分) 矩形 $ABCD$ 和矩形 $CDEF$ 有一公共边 CD，且 $DE\perp AD$，$AB=2$，$BC=ED=\sqrt{2}$.

(1) 求证：$BC\perp$ 平面 $CDEF$；

(2) 求证：平面 $BFE\perp$ 平面 BCF；

(3) 求点 D 到平面 BEF 的距离；

(4) 求证：五个点 C、D、E、F、B 在同一个球面上，并求出这个球的体积.

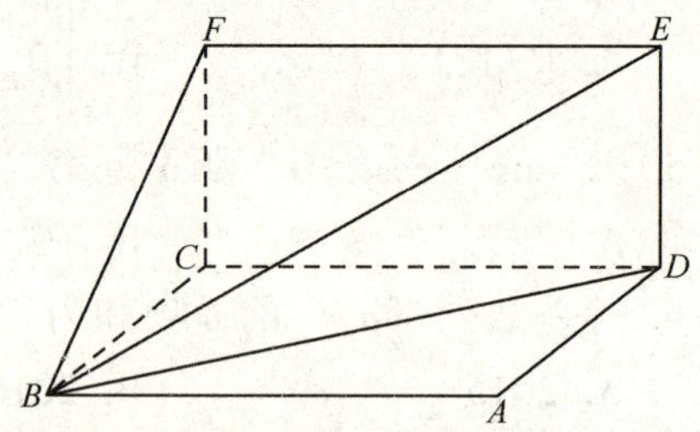

学校：________ 班级：________ 姓名：________ 准考证号：________

（请不要在密封线内答题）

模拟综合试卷（十五）

本试题卷分第Ⅰ卷和第Ⅱ卷．考生作答时，须将答案写在答题卡上，在本试卷、草稿纸上答题均无效．满分150分．考试时间120分钟．考试结束后，将本试卷和答题卡一并交回．

第Ⅰ卷（共60分）

一、选择题（每题4分，共60分．每题所给的四个选项中，只有一个正确答案，请在答题卡上将该项涂黑）

1. 已知集合 $M=\{1,2,3,4\}$，$N=\{-1,2\}$，则下列结论成立的是（　　）．

A. $N\subseteq M$　B. $M\cup N=M\cup\{-1\}$　C. $M\cap N=\varnothing$　D. $\complement_M N=\{-1\}$

2. 不等式 $|5-2x|<5$ 的解集是（　　）．

A. $(-5,5)$　B. $(0,+\infty)$

C. $(0,5)$　D. $(-\infty,0)\cup(5,+\infty)$

3. 某人装修房子时，计划沿外墙修一矩形花台（如图所示），现有材料可修花台总长为6米，如果要使围出的花台面积最大，则矩形的长、宽分别是（　　）．

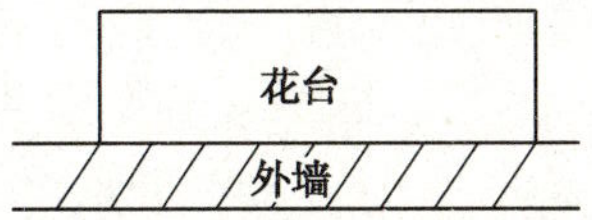

A. 2米、1米　B. 1.5米、1.5米

C. 2米、2米　D. 3米、1.5米

4. 甲、乙两队进行篮球比赛，甲队获胜的概率为0.6，如果两队比赛三场，则甲队恰胜两场的概率是（　　）．

A. 0.6^2　B. $0.6^2\times0.4$　C. $3\times0.6^2\times0.4$　D. $3\times0.6\times0.4^2$

5. 抛物线 $y^2=px$ 的准线为 $x=-2$，则 $p=$（　　）．

A. -4　B. 4　C. -8　D. 8

6. 函数 $f(x)=\sqrt{1-\log_2 x}$ 的定义域是（　　）．

A. $(0,2]$　B. $(-\infty,2]$　C. $(-\infty,1]$　D. $(0,+\infty)$

7. 点（1,2）到直线 $ax+3y-5=0$ 的距离为1，则 $a=$（　　）．

A. 4　B. $\sqrt{5}-1$　C. $\pm\sqrt{5}-1$　D. -4

8. 下列命题正确的是（　　）．

A. 如果直线 a∥直线 b，$b\subset$ 平面 α，那么 $a\parallel\alpha$

B. 如果直线 a∥平面 α，直线 $b\subset\alpha$，那么 $a\parallel b$

C. 如果直线 a∥平面 β，直线 b∥平面 β，且 a、$b\subset$ 平面 α，那么 $\alpha\parallel\beta$

D. 如果平面 α∥平面 β，且直线 $a\subset$ 平面 α，那么 a∥平面 β

9. 在等差数列 $\{a_n\}$ 中，$S_{10}=310$，$S_{20}=1\,220$，则公差 $d=$（　　）．

A. 910　B. 91　C. 6　D. 4

10. 用0，1，2，3可组成没有重复数字的四位数共有（　　）．

A. 24个　B. 18个　C. 12个　D. 6个

11. “$x>y$”是“$|x|>|y|$”的（　　）．

A. 必要不充分条件　B. 充分不必要条件

C. 充要条件　D. 既不充分也不必要条件

12. 圆心在原点，且过直线 $x-y-3=0$ 与直线 $2x+y=0$ 的交点的圆的方程是（　　）．

A. $(x-1)^2+(y+2)^2=5$　B. $x^2+y^2=5$

C. $(x+1)^2+(y-2)^2=\sqrt{5}$　D. $x^2+y^2=\sqrt{5}$

13. 下列函数为偶函数，且在 $(0,+\infty)$ 上是增函数的是（　　）．

A. $y=3^x$　B. $y=3^{|x|}$　C. $y=\log_3 x$　D. $y=-|x|$

14. 已知 $\alpha\in\left[\frac{\pi}{2},\pi\right]$，$\sin\left(\frac{\pi}{2}+\alpha\right)=-\frac{3}{5}$，则 $\tan(\pi-\alpha)=$（　　）．

A. $\frac{4}{3}$　B. $\frac{3}{4}$　C. $-\frac{3}{4}$　D. $-\frac{4}{3}$

15. 已知向量 $\boldsymbol{a}$，$\boldsymbol{b}$ 不共线，实数 x，y 满足 $(2x-2y)\boldsymbol{a}+(2x-3y)\boldsymbol{b}=6\boldsymbol{a}+3\boldsymbol{b}$，则 $x+y$ 的值为（　　）．

A. 3　B. -3　C. 9　D. 2

第Ⅱ卷（共90分）

二、填空题（每题4分，共20分．把答案填写在题中的横线上）

16. 已知点 $A(1,2)$，$B(-3,0)$，那么 $\overrightarrow{AB}$ 的模是________．

17. 某自来水公司为了鼓励居民节约用水，采取了按月用水量分段收费办法，某户居民应交水费 y（元）与用水量 x（吨）的函数关系如图所示．当 $x\geqslant15$ 时，y 与 x 的函数关系式是________．

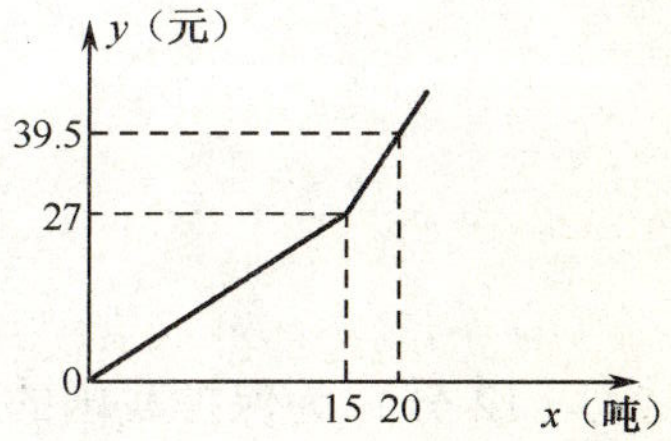

18. 二项式 $\left(x+\frac{1}{x}\right)^n$ 展开式的所有二项式系数和为64，则 $n=$________．

19. 左焦点为 $F(-2,0)$，离心率为 $\frac{1}{2}$ 的椭圆的标准方程是________．

20. 函数 $y=\sin\left(2x+\frac{\pi}{4}\right)$ 的最小值为________．

三、解答题（本大题共6题，共70分．解答应写出文字说明、证明过程或演算步骤）

21. （10分）计算：$8^{-\frac{1}{3}}\times(\sqrt[3]{4})^{\frac{9}{2}}+\frac{1}{3}\log_6 8+2\log_6\sqrt{3}-3^{\log_3 4}\times\log_{\sqrt{2}}\frac{1}{32}$．

22. (10 分) 平面向量 $\vec{a}=(3,-4)$，$\vec{b}=(2,x)$，$\vec{c}=(2,y)$，已知 $\vec{a}/\!/\vec{b}$，$\vec{a}\perp\vec{c}$，求 $\vec{b}$、$\vec{c}$ 及 $\vec{b}$ 与 $\vec{c}$ 夹角.

23. (12 分) 在△ABC 中，$\cos2A=\frac{1}{3}$，$2A\in(0,\pi)$，$AC=2$，$AB=3$，求 $\sin A$，$\tan A$ 的值和△ABC 的面积.

24. (12 分) 为保护我国的稀土资源，国家限定某矿区的出口总量不能超过 80 吨，该矿区计划从 2016 年开始出口，当年出口 a 吨，以后每年出口量均比上一年减少 10%.

(1) 以 2016 年为第一年，设第 n 年出口量为 a_n 吨，试求 a_n 的表达式；

(2) 因稀土资源不能再生，国家计划 10 年后终止该矿区的出口，问 2016 年最多出口多少吨？(保留一位小数) 参考数据：$0.9^{10}\approx0.35$

25. (13 分) 已知双曲线的一条渐近线为 $y=\frac{3}{4}x$，且一个焦点是圆 $x^2+y^2-10y=0$ 的圆心.

(1) 求双曲线的标准方程；

(2) 若斜率非负的直线 l 与这条渐近线夹角为 45°且过点 (1,7)，求 l 的方程.

26. (13 分) 已知正三棱锥 S-ABC 的侧棱与底面边长都为 6，E、F 分别是 SC、AB 的中点.

(1) 求证 $SC\perp AB$；

(2) 求异面直线 SA 与 EF 所成的角；

(3) 求侧面与底面所成角的余弦值；

(4) 求该棱锥的体积.

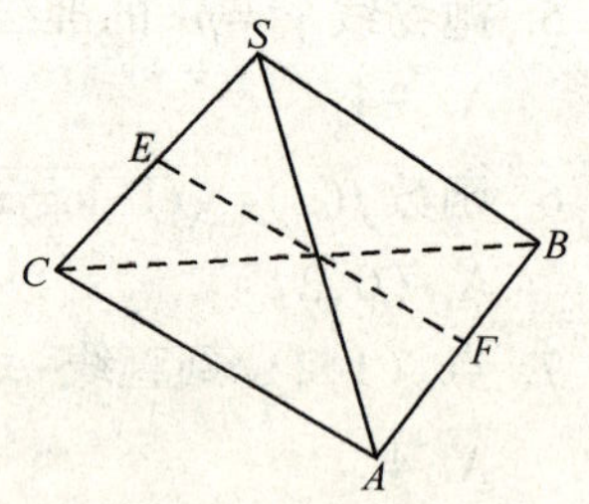

参考答案

模拟综合试卷（一）

第Ⅰ卷

一、选择题

1	2	3	4	5	6	7	8	9	10
C	A	C	B	D	C	C	B	C	B
11	12	13	14	15					
C	B	B	A	A					

第Ⅱ卷

二、填空题

16. $\frac{1}{4}$.　17. $y^2=4\sqrt{6}x$.　18. 2.　19. $[-1,1]$.　20. $-\frac{2}{9}$.

三、解答题

21. 由已知得 $3^{2x}=3^{\frac{x+2}{2}}$，所以 $2x=\frac{x+2}{2}$，即 $x=\frac{2}{3}$. 所以原式 $=\left(\log_2\frac{3}{2}+\log_2 6\right)\div\log_2\frac{1}{3}+\left(\frac{1}{8}\right)^{-\frac{2}{3}}+x^2=\log_2 9\div(-\log_2 3)+4+\left(\frac{2}{3}\right)^2=-2+4+\frac{4}{9}=2\frac{4}{9}$.

22. 由已知可设函数为 $y=ax^2+bx$（$a>0$），且对称轴为 $x=-\frac{b}{2a}=-\frac{1}{3}$，即 $2a=-3b$……①. 因为直线一交点纵坐标为8，所以 $2x-8+4=0$，$x=2$，故交点为（2，8），又交点在抛物线上，所以 $2^2+2b=8$，即 $2a+b=4$……②. 联立①、②，解得 $\begin{cases}a=3,\\b=-2,\end{cases}$ 所以二次函数的解析式为 $y=3x^2-2x$.

23. （1）因为 $ABCD$ 是平行四边形，所以 $\overrightarrow{AD}=\overrightarrow{BC}$，所以（$x$，$y$）－（7，5）＝（1，－9）－（2，3），所以（$x$，$y$）＝（6，－7），即点 D（6，－7），所以 $\overrightarrow{AB}=$（2，3）－（7，5）＝（－5，－2），同理 $\overrightarrow{BD}=$（4，－10），所以 $\overrightarrow{AB}\cdot\overrightarrow{BD}=-5\times4+(-2)(-10)=0$，所以 $\overrightarrow{AB}\perp\overrightarrow{BD}$ 即 $AB\perp BD$.（2）又因为 $|\overrightarrow{AB}|=\sqrt{(-5)^2+(-2)^2}=\sqrt{29}$，同理得 $|\overrightarrow{BD}|=2\sqrt{29}$，所以平行四边形的面积 $S=|\overrightarrow{AB}|\times|\overrightarrow{BD}|=58$.

24. （1）建立如图所示的直角坐标系，则 $B(6,0)$，$C(6,3)$，$D(0,3)$. 设 $E(x,y)$，因为 E，F 是 DB 的三等分点，所以 $\overrightarrow{DE}=\frac{1}{3}\overrightarrow{DB}$，$(x,y)-(0,3)=\frac{1}{3}[(6,0)-(0,3)]$，所以 $(x,y)=(2,2)$，即 $E(2,2)$；同理可得 $F(4,1)$. 因此 $\overrightarrow{AE}=(2,2)$，$\overrightarrow{FC}=(6,3)-(4,1)=(2,2)$，即 $\overrightarrow{AE}=\overrightarrow{FC}$，又因为 A、E、C、F 四点不共线，所以 $AECF$ 四点构成平行四边形.

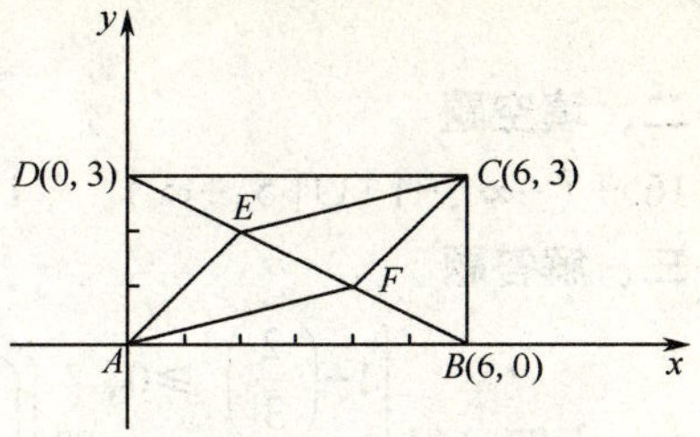

（2）因为 $\overrightarrow{AE}=(2,2)$ $\overrightarrow{AF}=(4,1)$，所以 $\overrightarrow{AF}\cdot\overrightarrow{AF}=2\times4+2\times1=10$，$|\overrightarrow{AE}|=\sqrt{2^2+2^2}=2\sqrt{2}$，$|\overrightarrow{AF}|=\sqrt{17}$，所以 $\cos\angle EAF=\frac{\overrightarrow{AE}\cdot\overrightarrow{AF}}{|\overrightarrow{AE}|\ |\overrightarrow{AF}|}=\frac{10}{2\sqrt{2}\sqrt{17}}=\frac{5\sqrt{34}}{34}$.

25. （1）连接 BD 交 AC 于 O，连接 OM，因为 $ABCD$ 是平行四边形，所以 O 是 BD 中点，又因为 M 是 SD 中点，所以 $SB/\!/OM$，而 $OM\subseteq$ 平面 AMC，所以 $SB/\!/$ 平面 AMC.（2）因为 $ABCD$ 是平行四边形，又 $SA=BC$，所以 $SA=AD$，又因为 M 是 SD 中点，所以 $AM\perp SD$，又 $SC=AB$，所以 $SC=CD$，同样由 M 是 SD 中点，得 $CM\perp SD$，又因为 $AM\cap CM=M$，所以由直线与平面垂直的判定定理得 $SD\perp$ 平面 AMC，又因为 $SD\subseteq$ 平面 SCD，所以平面 $AMC\perp$ 平面 SCD.

26. （1）由已知可设抛物线标准方程为 $y^2=2px$（$p>0$），又曲线过点 A，所以 $(-2)^2=2p\cdot1$，即 $p=2$. 所以抛物线标准方程为 $y^2=4x$.（2）因为 $k_{OA}=\frac{-2}{1}=-2$，又 $BC/\!/OA$，所以 $k_{BC}=-2$，故设直线 BC 的方程为 $y=-2x+b$，即 $2x+y-b=0$. 又因为 A 到直线 BC 的距离为 $\frac{12\sqrt{5}}{5}$，所以 $\frac{|2\times1+(-2)-b|}{\sqrt{2^2+1^2}}=\frac{12\sqrt{5}}{5}$，即 $|b|=12$，$b=\pm12$，直线方程为 $y=-2x+12$ 或 $y=-2x-12$. 检验得直线 $y=-2x-12$ 与抛物线 $y^2=4x$ 没有交点，所以所求直线 BC 的方程为 $y=-2x+12$.

模拟综合试卷（二）

第Ⅰ卷

一、选择题

1	2	3	4	5	6	7	8	9	10
D	C	B	B	C	D	B	B	D	C
11	12	13	14	15					
C	A	B	C	A					

第Ⅱ卷

二、填空题

16. $(-\infty,-1]\cup[5,+\infty)$.　17. $(2,-3)$.　18. -7.　19. 4 500.　20. $y=\pm 6x$.

三、解答题

21. 由题可得$\begin{cases}1-\left(\frac{2}{3}\right)^x\geqslant 0,\\ \frac{3x-1}{x-2}>0,\end{cases}$ 即$\begin{cases}\left(\frac{2}{3}\right)^x\leqslant 1,\\ (3x-1)(x-2)>0,\end{cases}$ $\begin{cases}x\geqslant 0,\\ x<\frac{1}{3}\text{或}x>2,\end{cases}$ 解之得 $0\leqslant x<\frac{1}{3}$ 或 $x>2$，所以 $f(x)$ 的定义域为 $\left[0,\frac{1}{3}\right)\cup(2,+\infty)$.

22. (1) 由已知得 $S_{10}=10a_1+\frac{10\times 9}{2}d=100$，因为 $a_1=1$ 故可解得 $d=2$，所以 $a_n=a_1+(n-1)d=1+(n-1)2=2n-1$. (2) 因为 $a_n=\log_2 b_n$，所以 $b_n=2^{a_n}=2^{2n-1}$，所以 $\frac{b_{n+1}}{b_n}=\frac{2^{2(n+1)-1}}{2^{2n-1}}=2^{2(n+1)-1-(2n-1)}=2^2=4$（常数），所以 $\{b_n\}$ 是等比数列.

23. (1) 因为点在曲线上，所以 $6\cos^2\alpha+\sin^2\alpha=5$，即 $6\cos^2\alpha+1-\cos^2\alpha=5$，所以 $5\cos^2\alpha=4$，$\cos^2\alpha=\frac{4}{5}$. 故 $\cos 2\alpha=2\cos^2\alpha-1=2\times\frac{4}{5}-1=\frac{3}{5}$. (2) 因为 α 是锐角，所以 $2\alpha\in(0,\pi)$，所以 $\sin 2\alpha=\sqrt{1-\cos^2 2\alpha}=\sqrt{1-\left(\frac{3}{5}\right)^2}=\frac{4}{5}$，所以 $\tan 2\alpha=\frac{\sin 2\alpha}{\cos 2\alpha}=\frac{4}{3}$，$\tan\left(2\alpha-\frac{\pi}{4}\right)=\frac{\tan 2\alpha-1}{1+\tan 2\alpha\cdot 1}=\frac{\frac{4}{3}-1}{1+\frac{4}{3}\times 1}=\frac{1}{7}$.

24. 设应投入的广告费为 x 元，销售额为 z 元，广告效应为 y 元. 由已知得 $y=z-x$，$z=k\sqrt{x}$，因为 $x=100$ 时 $z=1\ 000$，所以 $k=100$，故 $z=100\sqrt{x}$，$y=100\sqrt{x}-x$，设 $\sqrt{x}=t$，得 $y=-t^2+100t=-(t-50)^2+2\ 500\leqslant 2\ 500$，所以 $t=50$，即 $x=2\ 500$ 元时，y 最大，即企业投入2 500元的广告费时，才能获得最大的广告效应，并不是广告做得越多越好.

25. (1) 因为 $AB=BC=2AA_1$，故 $AA_1=x$，则 $AB=BC=2x$，由体积公式得 $4x^3=32$，所以 $x=2$，即 $AB=BC=4$，$AA_1=2$，所以长方体表面积 $=4\times4\times2+4\times2\times4=64$. (2) 连接 A_1C_1，交 B_1D_1 于 O，连接 AO. 因为长方体底面是正方形，所以 $A_1O\perp B_1D_1$，又因为侧棱垂直于上下底面，所以 A_1O 是 AO 的射影，故 $AO\perp B_1D_1$，所以 $\angle AOA_1$ 是二面角 $A-B_1D_1-A_1$ 的平面角. 因为底面正方形边长为4，所以 $A_1C_1=4\sqrt{2}$，$A_1O=2\sqrt{2}$，又 $AA_1=2$，则 $\tan\angle AOA_1=\frac{AA_1}{A_1O}=\frac{2}{2\sqrt{2}}=\frac{\sqrt{2}}{2}$. 故所求二面角的正切值为 $\frac{\sqrt{2}}{2}$.

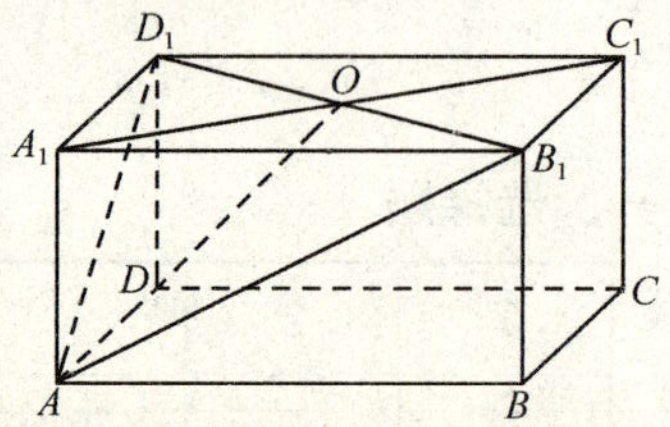

26. (1) 因为 $e=\sqrt{2}$，所以 $\frac{c}{a}=\sqrt{2}$，$c=\sqrt{2}a$，故 $b^2=c^2-a^2=a^2$. 若焦点在 y 轴上，设方程为 $\frac{y^2}{a^2}-\frac{x^2}{a^2}=1$，因为过点 $(-3,1)$，所以 $\frac{1}{a^2}-\frac{9}{a^2}=1$，显然无解，故焦点在 x 轴上，设方程为 $\frac{x^2}{a^2}-\frac{y^2}{a^2}=1$，由于过点 $(-3,1)$，所以 $\frac{9}{a^2}-\frac{1}{a^2}=1$，即 $a^2=8=b^2$，所以双曲线的标准方程为 $x^2-y^2=8$. (2) 由 (1) 得 $a=2\sqrt{2}$，$c=4$，故焦点为 $F_1(-4,0)$，$F_2(4,0)$. 因为 M 在双曲线上，所以 $12-m^2=8$，$m=\pm 2$，即 $M(2\sqrt{3},\pm 2)$. 所以 $\overrightarrow{MF_1}=(-4-2\sqrt{3},\mp 2)$，$\overrightarrow{MF_2}=(4-2\sqrt{3},\mp 2)$. 由于 $\overrightarrow{MF_1}\cdot\overrightarrow{MF_2}=(-4-2\sqrt{3})(4-2\sqrt{3})+(\mp 2)(\mp 2)=-4+4=0$，所以 $MF_1\perp MF_2$. (3) 由于 F_1、F_2 在 x 轴上，所以 M 的纵坐标的绝对值 2 就是三角形 MF_1F_2 的高，所以其面积为 $S=\frac{1}{2}F_1F_2\times 2=\frac{1}{2}\times 8\times 2=8$.

模拟综合试卷（三）

第Ⅰ卷

一、选择题

1	2	3	4	5	6	7	8	9	10
C	C	D	C	A	D	C	C	A	C
11	12	13	14	15					
D	B	C	C	A					

第Ⅱ卷

二、填空题

16. 0.19.　17. $\left[\frac{3}{4},+\infty\right)$.　18. $2\sqrt{19}$.　19. $2\sqrt{5}$.　20. $\frac{5}{3}$.

三、解答题

21. 由 $\frac{2+x}{2-x}>0$ 得 $(2+x)(2-x)>0$ 解是 $-2<x<2$，所以函数的定义域为 $(-2,2)$. 由于定义域关于原点对称，且 $f(-x)=\lg\frac{2-x}{2+x}=\lg\left(\frac{2+x}{2-x}\right)^{-1}=-\lg\frac{2+x}{2-x}=-f(x)$，所以函数 $f(x)$ 在 $(-2,2)$ 上是奇函数.

22. 由 $\{a_n\}$ 是等比数列得 $a_1a_3=a_2^2$，所以 $a_1a_2a_3=a_2^3=8$，即 $a_2=2$，故由已知得 $\begin{cases}a_1+a_3=5,\\a_2=2,\end{cases}$ 即 $\begin{cases}a_1+a_1q^2=5,\\a_1q=2,\end{cases}$ 两式相除得 $\frac{1+q^2}{q}=\frac{5}{2}$，解得 $q=2$ 或 $q=\frac{1}{2}$. 代回得 $a_1=1$ 或 $a_1=4$，所以等比数列通项公式为 $a_n=2^{n-1}$ 或 $a_n=4\left(\frac{1}{2}\right)^{n-1}$.

23. 由已知得 $\boldsymbol{a}+2\boldsymbol{b}=(1+2m,5)$，因为 $\boldsymbol{a}\perp(\boldsymbol{a}+2\boldsymbol{b})$，所以 $1\cdot(1+2m)+1\times5=0$，所以 $m=-3$，$\boldsymbol{b}=(-3,2)$，$|\boldsymbol{b}|=\sqrt{13}$. 又因为 $\boldsymbol{b}\cdot\boldsymbol{c}=|\boldsymbol{b}||\boldsymbol{c}|\cos\frac{3\pi}{4}=13$，所以 $\sqrt{13}|\boldsymbol{c}|\left(-\frac{\sqrt{2}}{2}\right)=-13$，即 $|\boldsymbol{c}|=\sqrt{26}$.

24. 由模长公式得 $|\boldsymbol{b}|=\sqrt{(\sin2x)^2+(1-\cos2x)^2}=\sqrt{2(1-\cos2x)}=2\sin x$，$\boldsymbol{a}+\boldsymbol{b}=(\cos x+\sin2x,\ \sin x+1-\cos2x)$，又 $\boldsymbol{c}=(0,1)$，所以 $(\boldsymbol{a}+\boldsymbol{b})\cdot\boldsymbol{c}=\sin x+1-\cos2x=2\sin^2x+\sin x$，$f(x)=2\sin x-2\sin^2x-\sin x=-2\sin^2x+\sin x$，配方得 $f(x)=-2\left(\sin x-\frac{1}{4}\right)^2+\frac{1}{8}\leqslant\frac{1}{8}$，即 $f(x)$ 的最大值为 $\frac{1}{8}\left(\sin x=\frac{1}{4}\text{时取得}\right)$.

25. （1）如图所示，取 AB 中点为 O，则由 $AC=BC=a$，$PA=PB=PC=\sqrt{2}a$，知 $PO\perp AB$，$CO\perp AB$. 又因为 $\triangle ABC$ 是等腰直角三角形，所以 $AB=\sqrt{2}a$，$OA=OB=OC=\frac{\sqrt{2}}{2}a$，所以 $PO=\sqrt{PA^2-OA^2}=\frac{\sqrt{6}}{2}a$，又因为 $PO^2+OC^2=2a^2=PC^2$，所以 $\triangle POC$ 是直角三角形，$PO\perp OC$，又因为 $PO\perp AB$，所以 $PO\perp$平面 ABC，又 PO 在平面 PAB 内，所以平面 $PAB\perp$平面 ABC.（2）因为平面 $PAB\perp$平面 ABC，交线为 AB，而 $OC\perp AB$，OC 在平面 ABC 内，所以 $OC\perp$平面 PAB，即 PO 是 PC 在平面 PAB 上的射影，即 $\angle CPO$ 是 PC 与平面 PAB 所成的角. 又 $PO\perp OC$，所以 $\tan\angle CPO=\frac{OC}{OP}=\frac{\sqrt{3}}{3}$，所以 $\angle CPO=30°$，即 PC 与平面 PAB 所成的角为 $30°$.

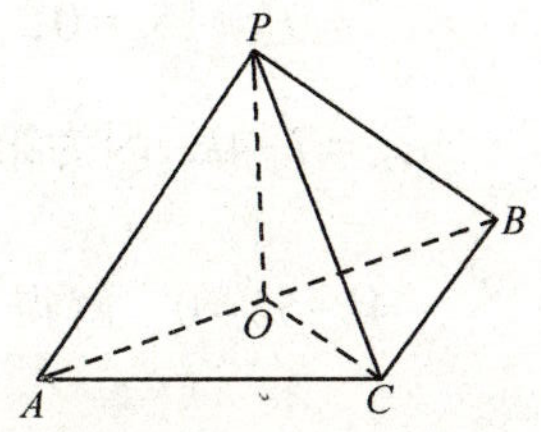

26. 因为直线斜率 k 不存在时，直线垂直于 x 轴，A 不可能是 BC 中点，所以 k 存在，又 $k=0$ 时直线平行于 x 轴，不可能有两个交点，所以 $k\neq0$，则设直线方程为 $y-1=k(x-2)$，因为直线与抛物线相交，故 $\begin{cases}y-1=k(x-2),\\y^2=4x,\end{cases}$ 消去 x 得 $y-1=k\left(\frac{y^2}{4}-2\right)$，整理得 $ky^2-4y+4-8k=0$……①. 设 $A(x_1,y_1)$，$B(x_2,y_2)$. 因为 $k\neq0$，所以 y_1，y_2 是方程①的根，即 $y_1+y_2=\frac{4}{k}$，又因为 A 是 BC 中点，所以 $\frac{y_1+y_2}{2}=1$，所以 $k=2$. 因此直线 l 的方程为 $y-1=2(x-2)$，即 $2x-y-3=0$.

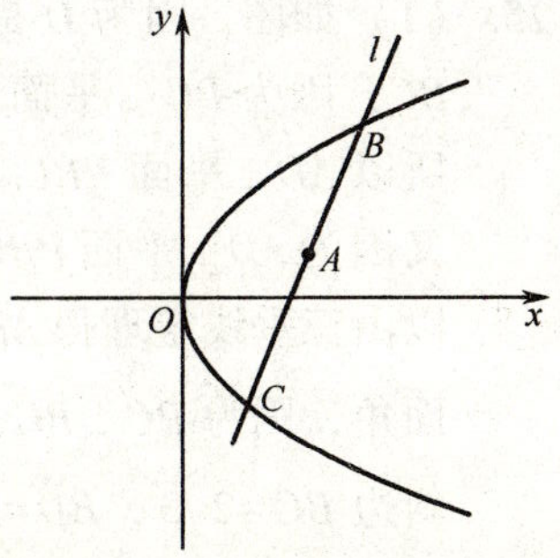

模拟综合试卷（四）

第Ⅰ卷

一、选择题

1	2	3	4	5	6	7	8	9	10
C	A	C	B	C	B	A	C	C	B
11	12	13	14	15					
D	A	B	D	D					

第Ⅱ卷

二、填空题

16. 12.　17. −4.　18. 1.5.　19. 15.　20. $-\frac{3}{5}$.

三、解答题

21. 原式 $=(3^2)^{-\frac{1}{2}}\cdot(3^{\frac{4}{3}})^{\frac{3}{2}}+(\lg5)^2+\lg2\lg(5^2\times2)=3^{-1}\cdot3^2+(\lg5)^2+\lg2(2\lg5+\lg2)=3+(\lg5)^2+2\lg5\lg2+(\lg2)^2=3+(\lg5+\lg2)^2=3+(\lg10)^2=3+1=4$.

22. 设销售价为 x 元（$x\geqslant30$ 元），利润为 y 元，则每件日用品的利润为 $x-20$ 元，此时售价提高 $x-30$ 元，商品少卖 $20(x-30)$ 件，故半月实际卖出 $400-20(x-30)$，所以半月利润为：$y=(x-20)[400-20(x-30)]=-20x^2+1\ 400x-20\ 000=-20(x-35)^2+4\ 500$. 因为 $a=-20<0$，所以函数的最大值为 4 500，即当销售价定为 35 元时，半个月内可获得最大利润，最大利润为 4 500 元.

23. （1）因为 $\tan\left(\frac{\pi}{4}+\theta\right)=\frac{\tan\frac{\pi}{4}+\tan\theta}{1-\tan\frac{\pi}{4}\tan\theta}=\frac{1+\tan\theta}{1-\tan\theta}=3$，所以 $1+\tan\theta=3(1-\tan\theta)$，$4\tan\theta=2$，$\tan\theta=\frac{1}{2}$.（2）$\sin2\theta-2\cos^2\theta=\frac{2\sin\theta-2\cos^2\theta}{\sin^2\theta+\cos^2\theta}=\frac{2\tan\theta-2}{\tan^2\theta+1}=\frac{2\times\frac{1}{2}-2}{\left(\frac{1}{2}\right)^2+1}=\frac{-1}{\frac{5}{4}}=-\frac{4}{5}$.

24. 由已知得 $\begin{cases}\sin15°+\cos15°=2a\cdots\cdots①,\\\sin15°\cos15°=b^2\cdots\cdots②.\end{cases}$ 因为 $15°$ 是锐角，所以 $a>0$，又因为 $\frac{b}{a}>0$，所以 $b>0$，由①平方，得 $1+2\sin15°\cos15°=4a^2$，即 $1+\frac{1}{2}=4a^2$，所以 $a=\frac{\sqrt{6}}{4}$. 又 $b^2=\sin15°$

$\cos15°=\frac{1}{2}\sin30°=\frac{1}{4}$，所以 $b=\frac{1}{2}$，所以 $ab=\frac{\sqrt{6}}{8}$.

25. 因为正四棱锥底面边长为 2. 所以底面对角线 $AC=BD=2\sqrt{2}$，交点 O 是底面正方形中心，且 $PO\perp$ 底面 $ABCD$，取 BC 中点为 E，则 $OE\perp BC$，且 OE 是 PE 在底面的射影，所以 $PE\perp BC$，所以 $\angle PEO$ 是侧面与底面所成二面角的平面角. 因为底面边长为 2，所以 $OE=EC=1$，所以 $PE=\sqrt{2}$，所以 $\cos\angle PEO=\frac{OE}{PE}=\frac{1}{\sqrt{2}}=\frac{\sqrt{2}}{2}$. 所以侧面与底面所成角的大小是 45°. 又因为 $PO\perp$ 底面 $ABCD$，所以 $PO=\sqrt{PE^2-OE^2}=1$，故正四棱锥的体积为 $V=\frac{1}{3}S_{ABCD}\times PO=\frac{1}{3}\times4\times1=\frac{4}{3}$.

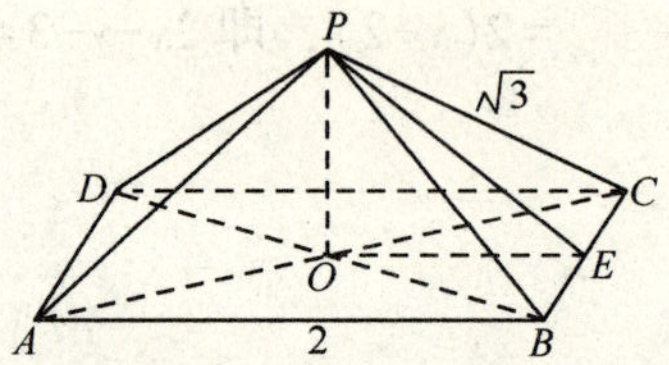

26. （1）因为 $e=\frac{c}{a}=\sqrt{2}$，所以 $c=\sqrt{2}a$，由 $c^2=a^2+b^2$ 得 $a=b$. 故双曲线方程为 $\frac{x^2}{a^2}-\frac{y^2}{a^2}=1$. 又因为双曲线对点 $P(4,\ -\sqrt{10})$，所以 $\frac{16}{a^2}-\frac{10}{a^2}=1$，得 $a^2=b^2=6$，所以所求双曲线方程为 $x^2-y^2=6$.（2）又由（1）知 $a^2=b^2=6$，所以 $c=\sqrt{2}a=2\sqrt{3}$，即 $F_1(-2\sqrt{3},\ 0)$. 再由 $\begin{cases}x=3,\\x^2-y^2=6,\end{cases}$ 得 $y=\pm\sqrt{3}$，所以 $M(3,\ \sqrt{3})$，$N(3,\ -\sqrt{3})$. 设过 F_1、M、N 三点的圆方程为 $x^2+y^2+Dx+Ey+F=0$. 将三点坐标代入得 $\begin{cases}9+3+3D+\sqrt{3}E+F=0,\\9+3+3D-\sqrt{3}E+F=0,\\12-2\sqrt{3}D+F=0,\end{cases}$ 解得 $\begin{cases}D=0,\\E=0,\\F=-12.\end{cases}$ 所以所求圆的方程为 $x^2+y^2=12$.

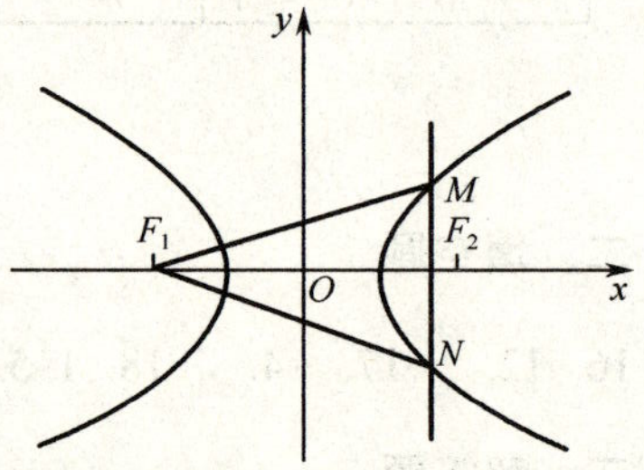

模拟综合试卷（五）

第Ⅰ卷

一、选择题

1	2	3	4	5	6	7	8	9	10
D	C	B	A	A	A	D	D	A	B
11	12	13	14	15					
C	B	A	B	B					

第Ⅱ卷

二、填空题

16. 1.　17. $\{x\mid 1<x<2\}$.　18. $\frac{1}{3}$.　19. $-\frac{29}{15}$.　20. 30.

三、解答题

21. 由不等式得 $\frac{3x-7}{x^2+2x-3}-2>0$，通分得 $\frac{2x^2+x+1}{x^2+2x-3}<0$，因为 $y=2x^2+x+1$ 判别式 $\Delta=1-8=-7<0$，所以 $2x^2+x+1>0$，故必有 $x^2+2x-3<0$，解得 $-3<x<1$，即不等式的解集为 $(-3,1)$.

22. 设 $\boldsymbol{a}$ 与 $\boldsymbol{c}$ 的夹角为 α，$\boldsymbol{b}$ 与 $\boldsymbol{c}$ 的夹角为 β，则 $\cos\alpha=\frac{\boldsymbol{a}\cdot\boldsymbol{c}}{|\boldsymbol{a}|\ |\boldsymbol{c}|}$，$\cos\beta=\frac{\boldsymbol{b}\cdot\boldsymbol{c}}{|\boldsymbol{b}|\ |\boldsymbol{c}|}$. 因为 $\boldsymbol{a}\cdot\boldsymbol{c}=6+4m$，$\boldsymbol{b}\cdot\boldsymbol{c}=16+6m$，$|\boldsymbol{a}|=5$，$|\boldsymbol{b}|=10$，由于 $\alpha=\beta$，所以 $\cos\alpha=\cos\beta$，所以 $\frac{\boldsymbol{a}\cdot\boldsymbol{c}}{|\boldsymbol{a}|\ |\boldsymbol{c}|}=\frac{\boldsymbol{b}\cdot\boldsymbol{c}}{|\boldsymbol{b}|\ |\boldsymbol{c}|}$，即 $\frac{6+4m}{5}=\frac{16+6m}{10}$，解得 $m=2$.

23. 由已知得 $\begin{cases}a_3=1,\\S_6=0,\end{cases}$ 即 $\begin{cases}a_1+2d=1,\\6a_1+15d=0,\end{cases}$ 解得 $\begin{cases}a_1=5,\\d=-2.\end{cases}$ 所以 $a_n=5+(n-1)(-2)=7-2n$，$a_k=7-2k$，$a_{2k}=7-4k$. 因为第 k 项到 $2k$ 项的和为 -48，所以 $\frac{(k+1)(7-2k+7-4k)}{2}=-48$，化简得 $3k^2-4k-55=0$，解得 $k=5$ 或 $k=-\frac{11}{3}$（舍去）.

24. 因为方程 $6x^2-5x+m=0$ 有解，所以 $\Delta\geqslant0$，即 $25-24m\geqslant0$，$m\leqslant\frac{25}{24}$，又因为 $\sin\theta$，$\cos\theta$ 是方程的两根，所以 $\sin\theta+\cos\theta=\frac{5}{6}$，$\sin\theta\cos\theta=\frac{m}{6}$，$\left(\frac{5}{6}\right)^2=(\sin\theta+\cos\theta)^2=1+2\sin\theta\cos\theta$，$\frac{25}{36}=1+2\times\frac{m}{6}$，即 $m=-\frac{11}{12}$，符合 $m\leqslant\frac{25}{24}$，所以 $\sin\theta\cos\theta=-\frac{11}{72}$，所以 $\sin^3\theta+\cos^3\theta=\frac{5}{6}\times\left(1+\frac{11}{72}\right)=\frac{415}{432}$.

25. （1）如图，因为 D 是等腰 Rt$\triangle ABC$ 斜边 BC 的中点，所以 $AD\perp BC$，因为 $PC\perp$ 平面 ABC，所以 $PC\perp AD$，又因为 $PC\cap BC=C$，所以 $AD\perp$ 平面 PBC.（2）过 D 作 $DE\perp PB$，交 PB 于 E，连 AE. 又因为 $AD\perp$ 平面 PBC，所以 DE 是 AE 在平面 PBC 上的射影，所以由三垂线定理得 $AE\perp PB$，所以 $\angle AED$ 是二面角 $A-PB-C$ 的平面角，因为 $PC\perp BC$，$DE\perp PB$，所以 $\triangle PBC\backsim\triangle DBE$. 由于 Rt$\triangle ABC$ 中 $AB=\sqrt{6}$，所以斜边 $BC=2\sqrt{3}$，$BD=AD=\sqrt{3}$，又因为 $PC=\sqrt{6}$，所以 $PB=3\sqrt{2}$，利用相似比可求得 $DE=1$，所以 $\tan\angle AED=\frac{AD}{DE}=\sqrt{3}$，即 $\angle AED=60°$，即二面角 $A-PB-C$ 的大小为 60°.

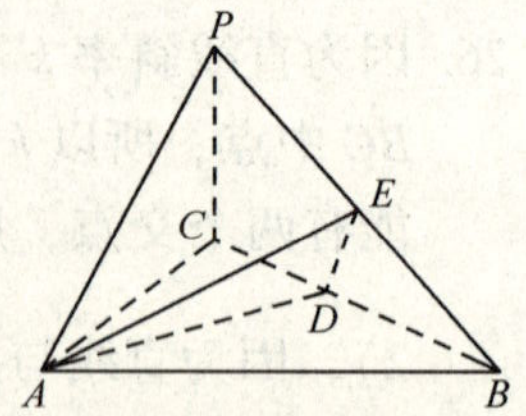

26. 由椭圆方程得 $a^2=18$，$b^2=9$，所以 $c=3$ 且焦点 $F_1(-3,0)$，$F_2(-3,0)$，因为直线 AB 的倾斜角为45°，所以直线斜率为 $k=1$，故直线 AB 方程为 $y-0=1(x+3)$，即 $x-y+3=0$，由 $\begin{cases}x-y+3=0,\\ \frac{x^2}{18}+\frac{y^2}{9}=1,\end{cases}$ 消去 y，得 $\frac{x^2}{18}+\frac{(x+3)^2}{9}=1$，化简得 $x^2+4x=0$. 所以 $x_1=0$，$x_2=-4$，代回得 $y_1=3$，$y_2=-1$，所以直线与椭圆交点为 $A(0,3)$，$B(-4,-1)$，即 $AB=4\sqrt{2}$，又因为 $F_2(3,0)$ 到直线 $x-y+3=0$ 的距离为 $d=\frac{|3-0+3|}{\sqrt{2}}=3\sqrt{2}$，所以 $S_{\triangle ABF_2}=\frac{1}{2}AB\times d=\frac{1}{2}\times 4\sqrt{2}\times 3\sqrt{2}=12$.

模拟综合试卷（六）

第Ⅰ卷

一、选择题

1	2	3	4	5	6	7	8	9	10
C	B	A	C	B	D	C	D	B	B
11	12	13	14	15					
B	D	C	A	B					

第Ⅱ卷

二、填空题

16. $(-2,1)$.　17. 450.　18. $\frac{1}{15}(2^n-1)$.　19. $x-y+1=0$.　20. 0.2048.

三、解答题

21. 三个数成等差数列，设这三个数为 $x-d$，x，$x+d$. 由已知得 $x-d+x+x+d=15$，所以 $x=5$，则三个数为 $5-d$，5，$5+d$. 又由已知得 $5-d+1$，$5+4$，$5+d+19$ 成等比数列，所以 $(6-d)(24+d)=81$. 整理得 $d^2+18d-63=0$，解得 $d=-21$ 或者 $d=3$. 因为三个数是正数，所以 $d=3$，所以三个数为2，5，8.

22. 由 $x^2-2x-8\geqslant 0$ 得 $x\leqslant -2$ 或 $x\geqslant 4$，所以 $A=(-\infty,-2]\cup[4,+\infty)$. 又由 $1-(x-a)^2>0$ 得 $(x-a)^2<1$，即 $-1<x-a<1$，即 $a-1<x<a+1$，所以 $B=(a-1,a+1)$，又 $A\cap B=\varnothing$，所以 $\begin{cases}a-1\geqslant -2,\\ a+1\leqslant 4,\end{cases}$ 即 $\begin{cases}a\geqslant -1,\\ a\leqslant 3,\end{cases}$ 即 $-1\leqslant a\leqslant 3$，所以实数 a 的取值范围是 $[-1,3]$.

23. 在 $\triangle ABC$ 中 $0<A<\pi$，$0<A+B<\pi$，所以 $\sin(A+B)=\sqrt{1-\cos(A+B)^2}=\frac{5}{13}$. 又因为 $\cos A=\frac{4}{5}$，所以 $\sin A=\frac{3}{5}$，所以 $\tan(A+B)=\frac{\sin(A+B)}{\cos(A+B)}=-\frac{5}{12}$，$\tan A=\frac{\sin A}{\cos A}=\frac{3}{4}$，所以 $\tan B=$

$$\tan(A+B-A)=\frac{\tan(A+B)-\tan A}{1-\tan(A+B)\tan A}=\frac{-\frac{5}{12}-\frac{3}{4}}{1-\left(-\frac{5}{12}\right)\times\frac{3}{4}}=-\frac{56}{33}.$$

24. (1) $\overrightarrow{BC}=(6,3)-(3,-3)=(3,6)$，$\overrightarrow{OD}=\overrightarrow{OB}+\overrightarrow{BD}=\overrightarrow{OB}+\frac{1}{3}\overrightarrow{BC}=(3,-3)+\frac{1}{3}(3,6)=(4,-1)$，即点 D 的坐标为 $(4,-1)$. (2) $\overrightarrow{AD}=\overrightarrow{OD}-\overrightarrow{OA}=(4,-1)-(1,3)=(3,-4)$，$\overrightarrow{AD}\cdot\overrightarrow{BC}=3\times3+(-4)\times6=-15$.

25. (1) 如图，连接 AC 交 BD 于 O，再连接 MO. 因为 $ABCD$ 是正方形，所以 $AO=OC$，又因为 $SM=MC$，所以 $MO\parallel SA$. 因为 $SA\perp$ 平面 $ABCD$，所以 $MO\perp$ 平面 $ABCD$. 因为 $MO\subseteq$ 平面 BMD，所以，平面 $BMD\perp$ 平面 $ABCD$. (2) 因为 $ABCD$ 是正方形，所以 $AO\perp BD$，又因为平面 $BMD\perp$ 平面 $ABCD$，所以 $AO\perp$ 平面 BMD. 在直角 $\triangle ABC$ 中，$AB=2$，$\angle ABO=45°$，$AO=AB\sin\angle ABO=2\sin45°=\sqrt{2}$，即点 A 到平面 BMD 的距离为 $\sqrt{2}$.

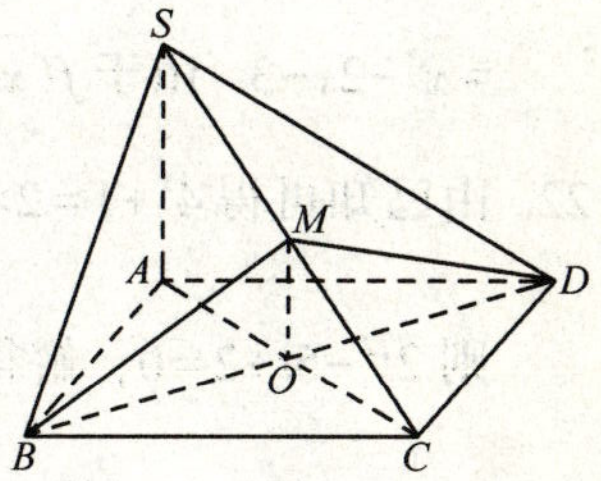

26. 由点斜式得直线 MF_2 的方程为 $y-0=-2(x-6)$，即 $y=-2x+12$. 因为 $F_1(-6,0)$，$P(16,4)$，所以直线的斜率为 $\frac{4-0}{16+6}=\frac{2}{11}$. 由点斜式，直线 PF_1 的方程为 $y-0=\frac{2}{11}(x+6)$，即 $2x-11y+12=0$，解方程组 $\begin{cases}y=-2x+12,\\ 2x-11y+12=0,\end{cases}$ 得 $\begin{cases}x=5,\\ y=2,\end{cases}$ 即点 M 的坐标为 $(5,2)$. 设双曲线方程为 $\frac{x^2}{a^2}-\frac{y^2}{b^2}=1$ $(a>0,\ b>0)$，则 $\begin{cases}\frac{25}{a^2}-\frac{4}{b^2}=1,\\ a^2+b^2=36,\end{cases}$ 解之得 $\begin{cases}a^2=20,\\ b^2=16.\end{cases}$ 所以双曲线方程为 $\frac{x^2}{20}-\frac{y^2}{16}=1$.

模拟综合试卷（七）

第Ⅰ卷

一、选择题

1	2	3	4	5	6	7	8	9	10
C	D	B	A	D	C	A	A	B	B
11	12	13	14	15					
C	D	A	A	C					

第Ⅱ卷

二、填空题

16. 162 642.　17. $1-m$.　18. $2x-3y+4=0$.　19. $\left[-\frac{3\pi}{4},-\frac{\pi}{4}\right]\cup\left[\frac{\pi}{4},\frac{3\pi}{4}\right]$.

20. $(x-y)^2+(y+3)^2=16$.

三、解答题

21. 由已知条件得$\begin{cases}1+b+c=-4,\\4+2b+c=-\frac{3}{5}(16+4b+c),\end{cases}$化简得$\begin{cases}b+c=-5,\\11b+4c=-34,\end{cases}$解之得$\begin{cases}b=-2,\\c=-3,\end{cases}$所以$f(x)=x^2-2x-3$. 由于$f(x)=x^2-2x-3=(x-1)^2-4\geqslant-4$，所以$f(x)$的最小值为$-4$.

22. 由已知可得$4^x+1=2\times5\times2^{x-2}$，即$2^{2x}-\frac{5}{2}\cdot2^x+1=0$，整理得$2(2^x)^2-5\times2^x+2=0$，令$2^x=t$，则$2t^2-5t+2=0$，解得$t=2$或$t=\frac{1}{2}$. 所以$2^x=2$或$2^x=\frac{1}{2}$，故$x=1$或$x=-1$.

23. (1) 根据向量运算规则，$\overrightarrow{AC}=(\cos\alpha,\sin\alpha)-(3,0)=(\cos\alpha-3,\sin\alpha)$. 同理$\overrightarrow{BC}=(\cos\alpha,\sin\alpha-3)$，因为$\overrightarrow{AC}\cdot\overrightarrow{BC}=-1$，所以$(\cos\alpha-3)\cos\alpha+\sin\alpha(\sin\alpha-3)=-1$，由于$\sin^2\alpha+\cos^2\alpha=1$. 故$\sin\alpha+\cos\alpha=\frac{2}{3}$，平方得$1+\sin2\alpha=\frac{4}{9}$，即$\sin2\alpha=-\frac{5}{9}$. (2) $\overrightarrow{OA}=(3,0)$，$|\overrightarrow{OA}|=3$，同理$\overrightarrow{OC}=(\cos\alpha,\sin\alpha)$，$|\overrightarrow{OC}|=1$. 又因为$|\overrightarrow{OA}+\overrightarrow{OC}|=\sqrt{13}$，$|\overrightarrow{OA}+\overrightarrow{OC}|^2=13$，即$|\overrightarrow{OA}|^2+2\overrightarrow{OA}\cdot\overrightarrow{OC}+|\overrightarrow{OC}|^2=13$亦即$3^2+2\overrightarrow{OA}\cdot\overrightarrow{OC}+1^2=13$，所以$\overrightarrow{OA}\cdot\overrightarrow{OC}=\frac{3}{2}$，所以$\cos<\overrightarrow{OA},\overrightarrow{OC}>=\frac{\overrightarrow{OA}\cdot\overrightarrow{OC}}{|\overrightarrow{OA}|\,|\overrightarrow{OC}|}=\frac{\frac{3}{2}}{3\times1}=\frac{1}{2}$，又因为$<\overrightarrow{OA},\overrightarrow{OC}>\in[0,\pi]$，所以$\overrightarrow{OA}$与$\overrightarrow{OC}$夹角为$\frac{\pi}{3}$.

24. 将已知条件展开得$\left(\sin\alpha\cos\frac{\pi}{6}+\cos\alpha\sin\frac{\pi}{6}\right)\left(\sin\alpha\cos\frac{\pi}{3}+\cos\alpha\sin\frac{\pi}{3}\right)=\frac{\sqrt{3}}{8}$，所以$\left(\frac{\sqrt{3}}{2}\sin\alpha+\frac{1}{2}\cos\alpha\right)\left(\frac{1}{2}\sin\alpha+\frac{\sqrt{3}}{2}\cos\alpha\right)=\frac{\sqrt{3}}{8}$，$\frac{\sqrt{3}}{4}\sin^2\alpha+\sin\alpha\cos\alpha+\frac{\sqrt{3}}{4}\cos^2\alpha=\frac{\sqrt{3}}{8}$，即$\frac{\sqrt{3}}{4}+\sin\alpha\cos\alpha=\frac{\sqrt{3}}{8}$，所以$\sin\alpha\cos\alpha=-\frac{\sqrt{3}}{8}$，即$\sin2\alpha=-\frac{\sqrt{3}}{4}$. 所以$\cos4\alpha=1-2\sin^22\alpha=1-2\left(-\frac{\sqrt{3}}{4}\right)^2=\frac{5}{8}$.

25. (1) 如图，因为$ABCD$是正方形，$BD=\sqrt{6}$，所以边长$AD=CD=\sqrt{3}$，$AC\perp BD$，$AC\perp DO$，又因为$PD\perp$平面$ABCD$，所以DO是PO的射影，由三垂线定理得$PO\perp AC$，即PO是P到AC的距离，又由$PD\perp$平面$ABCD$得$\angle PBD$是PB与底面所成的角，$\tan\angle PBD=\frac{PD}{BD}=\frac{PD}{\sqrt{6}}=\frac{\sqrt{6}}{6}$，所以$PD=1$，$PA=PC=2$，又正方形对角线互相平分，$DO=\frac{\sqrt{6}}{2}$，所以$PO=\sqrt{1+\left(\frac{\sqrt{6}}{2}\right)^2}=\frac{\sqrt{10}}{2}$，即$P$到$AC$的距离为$\frac{\sqrt{10}}{2}$. (2) 因为$O$是$AC$中点，故取$M$是$PA$中点，则$OM/\!/PC$，$OM=1$，所以$OM$与$BD$所夹锐角就是$BD$与$PC$所成的角，又因为$M$是$\text{Rt}\triangle PDA$斜边中点，所以$DM=\frac{1}{2}PA=1$，所以在$\triangle MOD$中，由余弦定理得$\cos\angle MOD=\frac{MO^2+DO^2-MD^2}{2MO\cdot DO}=\frac{1+\left(\frac{\sqrt{6}}{2}\right)^2-1}{2\times1\times\frac{\sqrt{6}}{2}}=\frac{\sqrt{6}}{4}$. 所以，异面直线$BD$与$PC$所成角的余弦值为$\frac{\sqrt{6}}{4}$.

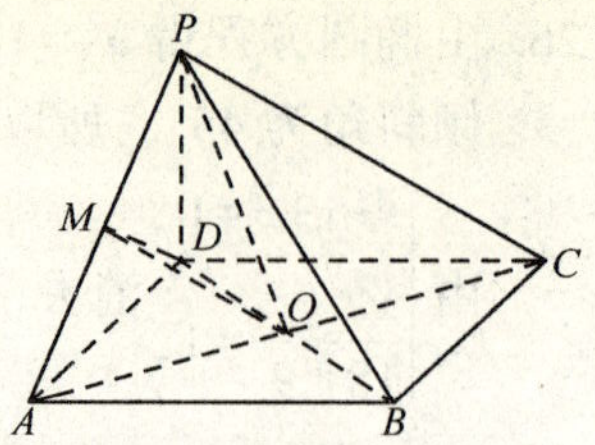

26. 因为$0<b<2$，所以由方程得$a=2$即$A(2,0)$，又因为B、C是直线$y=x$与椭圆的交点，故设$C(t,t)$，则$B(-t,-t)$，且$\frac{t^2}{4}+\frac{t^2}{b^2}=1$……①. 因为$\overrightarrow{AC}=(t-2,t)$，$\overrightarrow{BC}=(2t,2t)$，所以由$\overrightarrow{AC}\cdot\overrightarrow{BC}=0$得$2t(t-2)+2t\cdot t=0$，$t^2-t=0$，所以$t=0$（舍去）或$t=1$，代入①得$\frac{1}{4}+\frac{1}{b^2}=1$，即$b^2=\frac{4}{3}$，所以椭圆的方程为$\frac{x^2}{4}+\frac{y^2}{\frac{4}{3}}=1$. 因为$t=1$，所以知$A(2,0)$，$B(-1,-1)$，$C(1,1)$且$\overrightarrow{AC}\cdot\overrightarrow{BC}=0$，所以$\triangle ABC$是直角三角形，外接圆圆心为$AB$的中点$M\left(\frac{1}{2},-\frac{1}{2}\right)$，半径为$r=\frac{1}{2}AB$，即$r=\frac{\sqrt{10}}{2}$，所以$\triangle ABC$外接圆的方程为$\left(x-\frac{1}{2}\right)^2+\left(y+\frac{1}{2}\right)^2=\frac{5}{2}$.

模拟综合试卷（八）

第Ⅰ卷

一、选择题

1	2	3	4	5	6	7	8	9	10
D	D	C	B	A	A	C	C	C	A
11	12	13	14	15					
C	B	C	B	A					

第Ⅱ卷

二、填空题

16. $-\frac{\sqrt{3}}{4}$.　17. $\{x \mid x\neq 1\}$.　18. $y=x^2+8x$.　19. 96.1 万元.　20. $\frac{5}{3}$或$\frac{5}{4}$.

三、解答题

21. 由题：$(-1.8)^0=1$，$\left(\frac{3}{2}\right)^{-2}=\left(\frac{2}{3}\right)^2=\frac{4}{9}$，$\sqrt[3]{\left(3\frac{3}{8}\right)^2}=\sqrt[3]{\left(\frac{27}{8}\right)^2}=\left(\frac{3}{2}\right)^{\frac{6}{3}}=\left(\frac{3}{2}\right)^2=\frac{9}{4}$，

$\frac{1}{\sqrt{0.01}}=\frac{1}{\sqrt{0.1^2}}=0.1^{-1}=10$，$\cos\pi=-1$. 所以原式$=1+\frac{4}{9}\times\frac{9}{4}+10-1=11$.

22. (1) 由题知 $y=-0.1(x^2-26x+169)=-0.1(x-13)^2+59.9$，所以 $x\in[0,13]$ 时，学生的接受能力逐步增强，$x\in[13,30]$ 时，学生的接受能力逐步减弱.

(2) 当 $x=10$ 时，$y=-0.1\times10^2+2.6\times10+43=59$，所以第 10 分钟时，学生的接受能力是 59.

(3) 因为 $y=-0.1(x-13)^2+59.9$，$a=-0.1<0$，所以当 $x=13$ 时，$y_{max}=59.9$.

23. 由题知 $\sin\alpha=\frac{4}{5}$，$\alpha\in\left(0,\frac{\pi}{2}\right)$，所以 $\cos\alpha=\sqrt{1-\sin^2\alpha}=\frac{3}{5}$. 又因为 $\alpha\in\left(0,\frac{\pi}{2}\right)$，所以$-\alpha\in\left(-\frac{\pi}{2},0\right)$. 又$\beta<\alpha$，$\beta\in\left(0,-\frac{\pi}{2}\right)$，所以$-\frac{\pi}{2}<\beta-\alpha<0$，所以 $\sin(\beta-\alpha)=-\sqrt{1-\cos^2(\beta-\alpha)}=-\frac{1}{2}$，所以 $\cos\beta=\cos[(\beta-\alpha)+\alpha]=\frac{\sqrt{3}}{2}\times\frac{3}{5}-\left(-\frac{1}{2}\right)\times\frac{4}{5}=\frac{3\sqrt{3}+4}{10}$.

24. (1) 由题知 $S_n=n^2-2n$，当 $n\geqslant2$ 时，$a_n=S_n-S_{n-1}=n^2-2n-[(n-1)^2-2(n-1)]=2n-3$.
当 $n=1$ 时，$a_1=S_1=1^2-2\times1=-1$ 符合通项 $a_n=2n-3$.
所以 $a_n=2n-3$.

(2) 因为 $a_{n+1}-a_n=2(n+1)-3-(2n-3)=2$，所以数列 $\{a_n\}$ 为首项为-1，公差为 2 的等差数列.

25. 因为 M，N 分别是 DC，AB 的中点，所以 $M\left(\frac{5}{2},\frac{5}{2}\right)$，$N\left(\frac{3}{2},\frac{1}{2}\right)$. 知$\overrightarrow{AM}=\left(\frac{5}{2},\frac{5}{2}\right)-(0,0)=\left(\frac{5}{2},\frac{5}{2}\right)$，$\overrightarrow{CN}=\left(\frac{3}{2},\frac{1}{2}\right)-(4,3)=-\left(\frac{5}{2},\frac{5}{2}\right)$. 又因为$\overrightarrow{AM}=-\overrightarrow{CN}$，所以$\overrightarrow{AM}$与$\overrightarrow{CN}$共线.

26. 由题有双曲线右焦点为 $F_2(\sqrt{3},0)$，又直线 l 倾角 $\alpha=60°$，得 $k=\sqrt{3}$. 所以 l：$y=\sqrt{3}x-3$.

联立方程组：$\begin{cases}y=\sqrt{3}x-3,\\ x^2-\frac{y^2}{2}=1,\end{cases}$ 得 $x^2-6\sqrt{3}x+11=0$，若 x_1，x_2 为此方程两根，则 $x_1+x_2=6\sqrt{3}$，$x_1x_2=11$，所以 $|x_1-x_2|=\sqrt{(x_1+x_2)^2-4x_1x_2}=8$，$|AB|=\sqrt{1+k^2}\,|x_1-x_2|=16$.

27. 因为 $SA\perp$平面 ABC，所以 $SA\perp BC$，又因为$\angle ABC=90°$，即 $AB\perp BC$，又 $AB\cap SA=A$，所以 $BC\perp$面 SAB，得 $BC\perp AM$. 又 $AM\perp SB$，$SB\cap BC=B$，所以 $AM\perp SC$，又 $AN\perp SC$，$AM\cap AN=A$，所以 $SC\perp$面 AMN，所以 $MN\perp SC$.

模拟综合试卷（九）

第Ⅰ卷

一、选择题

1	2	3	4	5	6	7	8	9	10
D	C	B	A	B	B	D	A	A	D
11	12	13	14	15					
B	C	A	B	B					

第Ⅱ卷

二、填空题

16. $(-\infty,-1,]\cup[2,+\infty)$.　17. 25.　18. $-\frac{1}{2}$.　19. 8.　20. $\frac{3}{5}$.

三、解答题

21. 原式$=0+\lg10^2+2^{\log_2 3}\cdot2^1-3^{\log_3 4}=0+2+3\times2-4=4$.

22. 由题意得：$0.05x+\frac{x^2}{200}\leqslant10$，解得 $40\leqslant x\leqslant50$，所以该车车速不得超过 50 米/小时.

23. 由题过点 C 作 $CD\perp AB$ 交 AB 于点 D. 依题意知 $AC=80\times1=80$（海里），$\angle BAC=70°-40°=30°$. 所以 Rt$\triangle ACD$ 中，$\angle ACD=90°-\angle BAC=60°$，所以$\frac{DC}{AC}=\sin\angle BAC=\sin30°$，所以 $DC=40$（海里）. 因为$\angle ACB=40°+65°=105°$，所以$\angle BCD=\angle ACB-\angle ACD=45°$，在 Rt$\triangle BCD$ 中，$\frac{CD}{BC}=\sin45°$，$\therefore BC=40\sqrt{2}$（海里）.

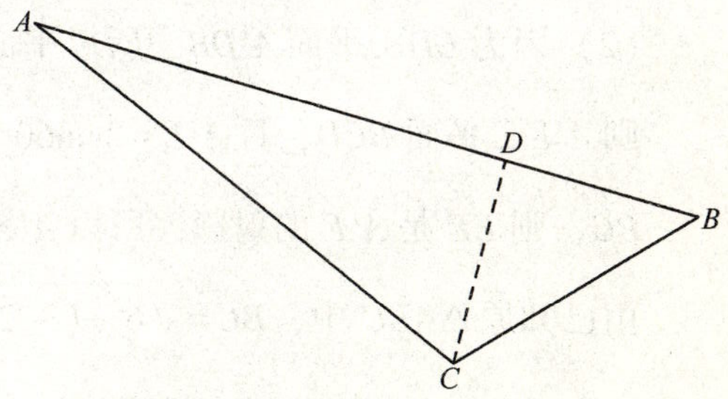

24. 由题意知 $c=4$ 且双曲线焦点在 x 轴上，由 $3x-2y=0$ 有 $y=\frac{3}{2}x$，所以$\frac{b}{a}=\frac{3}{2}$，得 $b=\frac{3}{2}a$. 又 $a^2+\frac{9}{4}a^2=16$，所以 $a^2=\frac{64}{13}$，$b^2=\frac{144}{13}$. 所以双曲线方程为：$\frac{13x^2}{64}-\frac{13y^2}{144}=1$，$e=\frac{c}{a}=\frac{4}{\frac{8}{\sqrt{13}}}=\frac{\sqrt{13}}{2}$.

25. 由题意知 $d=\dfrac{a_{21}-a_4}{21-4}=\dfrac{-100-70}{17}=-10$，又 $a_4=a_1+3d=70$，得 $a_1=100$. 所以 $a_n=a_1+(n-1)d=100-10(n-1)=-10n+110$，$S_{21}=\dfrac{21[100+(-100)]}{2}=0$.

26. (1) 由题意，设 $D(x,y)$，有 $\overrightarrow{BD}(x-3,y+1)$，$\overrightarrow{BC}(6,8)$. 所以有 $\begin{cases}x-3=\dfrac{6}{5},\\ y+1=\dfrac{8}{5}\end{cases}$，解得 $\begin{cases}x=\dfrac{21}{5}\\ y=\dfrac{3}{5}\end{cases}$，知 $D\left(\dfrac{21}{5},\dfrac{3}{5}\right)$.

(2) 由 (1) 有 $\overrightarrow{AD}=\left(\dfrac{16}{5},-\dfrac{12}{5}\right)$，$\overrightarrow{BC}=(6,8)$，得 $\overrightarrow{AD}\cdot\overrightarrow{BC}=\dfrac{16}{5}\times6+8\times\left(-\dfrac{12}{5}\right)=0$，所以 $\overrightarrow{AD}\perp\overrightarrow{BC}$，即有 $AD\perp BC$.

(3) 由 (2) 有 $AD\perp BC$，又 $|AD|=\sqrt{\dfrac{256}{25}+\dfrac{144}{25}}=4$，$|BC|=\sqrt{36+64}=10$，所以 $S_{\triangle ABC}=\dfrac{1}{2}|BC||AD|=\dfrac{1}{2}\times4\times10=20$.

27. (1) 因为 $CD\perp AB$，所以旋转后有 $CD\perp DA'$，$CD\perp DB$，即 $\angle A'DB$ 是二面角 $A'-CD-B$ 的平面角，且 $CD\perp$ 平面 $A'DB$，所以 $\angle A'DB=60°$。因为 $A'D=AD=3$，$BD=6$，所以 $\triangle A'BD$ 是直角三角形，即 $A'D\perp A'B$，因为 $CD\perp$ 平面 $A'DB$，所以 $CD\perp A'B$，所以 $A'B\perp$ 平面 $A'CD$，又 $A'B$ 在平面 $A'BC$ 内，所以平面 $A'BC\perp$ 平面 $A'CD$.

(2) 因为 $CD\perp$ 平面 $A'DB$，所以平面 $CDB\perp$ 平面 $A'DB$，交线为 DB，过 A' 作 $A'E\perp DB$，则 $A'E\perp$ 平面 BCD，且 $A'E=3\sin60°=\dfrac{3}{2}\sqrt{3}$，$DE=\dfrac{3}{2}$，$EB=6-\dfrac{3}{2}=\dfrac{9}{2}$，又过 E 作 $EF\perp BC$，则 EF 是 $A'F$ 的射影，所以 $A'F\perp BC$，所以 $\angle A'FE$ 是二面角 $A'-BC-D$ 的平面角，由已知原 $\triangle ABC$ 中，$BC=\sqrt{6^2+(3\sqrt{2})^2}=3\sqrt{6}$，所以 $\triangle BCD\backsim\triangle BEF$ 得 $\dfrac{EF}{CD}=\dfrac{EB}{BC}$，即 $EF=\dfrac{3}{2}\sqrt{3}$，所以 $\tan\angle A'FE=\dfrac{A'E}{EF}=1$，$\angle A'FE=45°$，即二面角 $A'-BC-D$ 的大小为 $45°$.

模拟综合试卷（十）

第Ⅰ卷

一、选择题

1	2	3	4	5	6	7	8	9	10
B	D	A	D	B	D	C	D	D	A
11	12	13	14	15					
B	B	C	B	C					

第Ⅱ卷

二、填空题

16. $\pm\dfrac{15}{4}$.　17. 2.　18. $70x^2$.　19. 0.74.　20. $2\sqrt{3}$.

三、解答题

21. 要使函数有意义则 $\begin{cases}1-\left(\dfrac{2}{3}\right)^x\geqslant0,\\ 3x-1>0,\end{cases}$ 得 $\begin{cases}x\geqslant0,\\ x>\dfrac{1}{3},\end{cases}$ 所以函数的定义域为 $\left(\dfrac{1}{3},+\infty\right)$.

22. 由题意设需要销售 x 件产品，则利润为 $(50-20)x-12\,000\geqslant30\,000$，得 $x\geqslant5\,000$. 所以每月最少需要销售 5 000 件.

23. (1) 由题 $\tan\left(\dfrac{\pi}{4}+\theta\right)=3$，有 $\dfrac{1+\tan\theta}{1-\tan\theta}=3$，解得 $\tan\theta=\dfrac{1}{2}$.

(2) 由 $\sin2\theta-2\cos^2\theta=\dfrac{2\sin\theta\cos\theta}{\cos^2\theta+\sin^2\theta}-\dfrac{2\cos^2\theta}{\cos^2\theta+\sin^2\theta}=\dfrac{2\tan\theta}{1+\tan^2\theta}-\dfrac{2}{1+\tan^2\theta}=\dfrac{1}{1+\dfrac{1}{4}}-\dfrac{2}{1+\dfrac{1}{4}}=-\dfrac{4}{5}$.

24. (1) 由题知 $|\overrightarrow{OA}|=\sqrt{4+1}=\sqrt{5}$.

(2) 由 $\overrightarrow{OB}-\overrightarrow{OA}=\overrightarrow{AB}$ 有 $(2m,m)-(2,-1)=(6,n)$，所以 $\begin{cases}2m-2=6,\\ m+1=n,\end{cases}$ 得 $m=4$，$n=5$.

(3) 由 (2) 知 $\overrightarrow{OB}=(8,4)$，所以 $\overrightarrow{OA}\cdot\overrightarrow{OB}=2\times8+(-1)\times4=12$.

25. 解：(1) 由 $a_1=1$，有 $a_2=2a_1+1-1=2$，$a_3=2a_2+2-1=5$，得 $a_2=2$，$a_3=5$.

(2) 由 $a_{n+1}=2a_n+n-1$，有 $a_{n+1}+(n+1)=2(a_n+n)$，所以 $\dfrac{a_{n+1}+(n+1)}{a_n+n}=2$，知 $\{a_n+n\}$ 是 $q=2$ 的等比数列，且首项 $a_1+1=2$，所以 $a_n+n=(a_1+1)q^{n-1}$，即 $a_n+n=2^n$.

(3) 由 (2) 知 $a_n+n=2^n$，有 $a_n=2^n-n$.

26. 证明：(1) 因为点 D 是等腰 Rt$\triangle ABC$ 斜边 BC 的中点，$\therefore AD\perp BC$，$\because PC\perp$ 面 ABC，$\therefore PC\perp AD$，$\therefore AD\perp$ 面 PBC.

(2) 连接 AE，$\because AD\perp$ 面 PBC，$AD\perp PB$，$AD\perp DE$，$\therefore \triangle ADE$ 是直角三角形，又$\because DE\perp PB$，$\therefore PB\perp$ 面 PBC，$\therefore PB\perp AE$，$\therefore \angle AED$ 是二面角 $A-PB-C$ 的平面角. 由点 D 是等腰 Rt$\triangle ABC$ 斜边的中点，$AB=\sqrt{6}$，$AD=\sqrt{3}$，$\therefore \tan\angle AED=\dfrac{AD}{DE}=\dfrac{\sqrt{3}}{1}=\sqrt{3}$，$\therefore \angle AED=60°$，即二面角 $A-PB-C$ 的度数为 60°.

27. 解：由题设 $A(x_1,\ y_1)$，$B(x_2,\ y_2)$ $\therefore \begin{cases} y_1^2=2x_1 & ① \\ y_2^2=2x_2 & ② \end{cases}$，由②−①得 $y_2^2-y_1^2=2(x_2-x_1)$，有 $(y_2-y_1)(y_2+y_1)=2(x_2-x_1)$，$\because$ 点 $P(5,\ 1)$ 为 AB 的中点，$\therefore (y_2+y_1)=2(x_2-x_1)$，得 $\dfrac{(y_2-y_1)}{x_2-x_1}=1$，即 $k=1$，$\therefore$ 过点 $P(5,\ 1)$ 的直线方程为 $y-1=x-5$，即 $x-y-4=0$.

模拟综合试卷（十一）

第Ⅰ卷

一、选择题

1	2	3	4	5	6	7	8	9	10
C	C	A	A	B	A	C	D	A	D
11	12	13	14	15					
A	A	C	C	A					

第Ⅱ卷

二、填空题

16. $(-1)^{n+1}\dfrac{n+2}{3n+2}$.　17. $[-1,\ 1]$.　18. $3x-4y+7=0$.　19. $-\dfrac{3}{4}$.　20. 100.

三、解答题

21. 设租金提高 x 个 5 元，则空房间有 x 间. 每间房租金为 $(50+5x)$ 元，租出房间 $(50-x)$ 间. 所以每天收入 $y=(50+5x)(50-5x)$，即 $y=-5x^2+200x+2\ 500=-5(x-20)^2+4\ 500$. 所以，当 $x=20$ 时，每天收入为 4 500. 即每间房租金为 50+20×5=150 元.

22. 由题知细胞分裂 1 次是 2 个，2 次是 4 个，$\therefore y=2^x$. 由于有 2 个细胞，$\therefore y=2\times 2^x=2^{x+1}$. 当 $x=9$ 时，$y=2^{10}=1\ 024$ 个.

23. $\because \vec{a}/\!/\vec{b}$，$\therefore \dfrac{3}{2}\cos x+\sin x=0$，$\therefore \tan x=-\dfrac{3}{2}$，$\therefore 2\cos^2x-\sin 2x=\dfrac{2\cos^2x-2\sin x\cos x}{\sin^2x+\cos^2x}=\dfrac{2-2\tan x}{\tan^2x+1}=\dfrac{2-2\times\left(-\dfrac{3}{2}\right)}{1+\dfrac{9}{4}}=\dfrac{20}{13}$.

24. 设这三个数分别为 $a-d$，a，$a+d$，

由题意有 $\begin{cases} a-d+a+a+d=9, \\ (a-d)^2+a^2+(a+d)^2=35, \end{cases}$ 解得 $a=3$，$d=\pm 2$. $\therefore$ 当 $a=3$，$d=2$ 时，这三个数分别为 1，3，5；当 $a=3$，$d=-2$ 时，这三个数分别为 5，3，1.

25. 证明：任取 x_1，$x_2\in(-\infty,\ 0)$，且 $x_1<x_2<0$，则 $f(x_1)-f(x_2)=-\dfrac{1}{x_1}-\left(-\dfrac{1}{x_2}\right)=\dfrac{1}{x_2}-\dfrac{1}{x_1}=\dfrac{x_1-x_2}{x_1x_2}$. $\because x_1<0$，$x_2<0$，$\therefore x_1x_2>0$，又 $x_1<x_2$，$\therefore x_1-x_2<0$，得 $f(x_1)-f(x_2)<0$. $\therefore f(x)=-\dfrac{1}{x}$ 在 $(-\infty,\ 0)$ 上为增函数.

26. 由 $\dfrac{x^2}{49}+\dfrac{y^2}{24}=1$ 得 $c^2=49-24=25$，且焦点在 x 轴，

$\therefore c_{双}=5$，且双曲线焦点在 x 轴上，又 $y=\pm\dfrac{4}{3}x$ 得 $\dfrac{b}{a}=\dfrac{4}{3}$，$\therefore b=\dfrac{4}{3}a$，由 $a^2+\dfrac{16}{9}a^2=25$，得 $a^2=9$，$b^2=16$，$\therefore$ 双曲线的标准方程为 $\dfrac{x^2}{9}-\dfrac{y^2}{16}=1$.

27. 证明：(1) 由 $AD\perp$ 面 BCD，有 $AD\perp BC$，又等边$\triangle DBC$，点 E 为 BC 中点，$\therefore BC\perp DE$，$AD\cap DE=D$，$\therefore BC\perp$ 面 ADE，过点 D 作 $DF\perp AE$，交 AE 于点 F.

(2) 由 $AD\perp$ 面 BCD，$BC\perp DE$，由三垂线定理知 $BE\perp AE$，$\angle AED$ 是面 ABC 与面 BDC 所成角的平面角，$\angle AED=60°$，又 $DF\perp AE$，且 $DF\perp BC$，且 $BC\cap AE=E$，

$\therefore DF\perp$ 面 ABC，

$\therefore DF$ 是点 D 到面 ABC 的距离.

在 Rt$\triangle DEF$ 中，$DE=\sqrt{DB^2-BE^2}=\sqrt{3}$，$\therefore DF=\sqrt{3}\sin 60°=\dfrac{3}{2}$.

模拟综合试卷（十二）

第Ⅰ卷

一、选择题

1	2	3	4	5	6	7	8	9	10
D	D	A	B	C	C	D	A	C	D

11	12	13	14	15					
B	A	B	C	B					

第Ⅱ卷

二、填空题

16. $-\frac{\sqrt{3}}{3}$.　17. 36π.　18. ± 2　19. -672.　20. $(-\infty, 1]$.

三、解答题

21. 原式 $=4-4+1+9=10$.

22. (1) $a_n=S_n-S_{n-1}=n^2-n-[(n-1)^2-(n-1)]=2n-2$ $(n\geqslant 2)$. 而 $a_1=S_1=0=2\times1-1$，所以 $a_n=2n-2$.

(2) 由 (1) 知数列 $\{a_n\}$ 是 $a_1=0$，$d=2$ 的等差数列，$\therefore a_{100}+a_{101}+\cdots+a_{150}=S_{150}-S_{99}=22\ 350-9\ 702=12\ 648$.

23. (1) $|\overrightarrow{OA}|=\sqrt{5}$.

(2) $\overrightarrow{OA}+\overrightarrow{AB}=\overrightarrow{OB}$，$\begin{cases}2m=4\\ n+1=\frac{1}{2}n\end{cases}$，得 $m=2$，$n=-2$.

(3) $\overrightarrow{OA}\cdot\overrightarrow{OB}=(-2, 1)\cdot(4, -2)=-10$.

24. 解 (1) 由题意知 k 须满足 $\begin{cases}k>0,\\ 4-k>0,\\ k\neq 4-k,\end{cases}$ 得 $0<k<4$，$k\neq 2$.

(2) 对于曲线 $\frac{x^2}{6}-\frac{y^2}{2}=1$，这里 $c^2=8\Rightarrow c=2\sqrt{2}=\frac{p}{2}$，所以抛物线方程为 $y^2=2px=8\sqrt{2}x$.

25. (1) 由 $\sqrt{3}a-2b\sin A=0\Rightarrow\frac{a}{\sin A}=\frac{b}{\frac{\sqrt{3}}{2}}$，而 $\frac{a}{\sin A}=\frac{b}{\sin B}$，$\therefore \sin B=\frac{\sqrt{3}}{2}$，而 $0°<B<90°$，$\therefore \angle B=60°$.

(2) $S=\frac{1}{2}ac\sin B=\frac{1}{2}\times8\times6\times\frac{\sqrt{3}}{2}=12\sqrt{3}$.

26. (1) 证明：$\because PA\perp$ 平面 ABC，$\therefore PA\perp BC$，又 $\because PC\perp BC$，而 $PA\cap PC=P$，$\therefore BC\perp$ 平面 PAC，又 $\because BC\subseteq$ 平面 PBC，$\therefore$ 平面 $PBC\perp$ 平面 PAC.

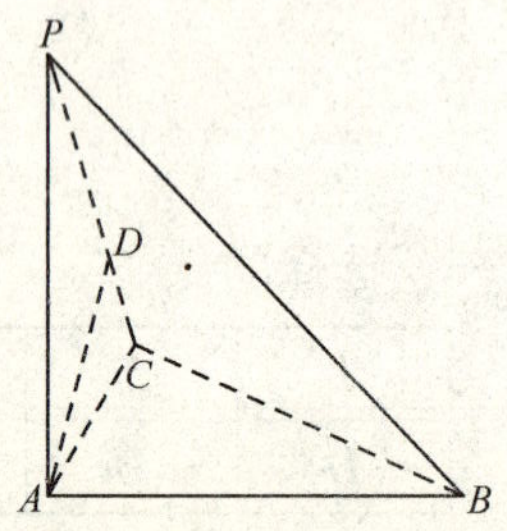

(2) 由 (1) 知 $BC\perp$ 平面 PAC，而 $AD\subseteq$ 平面 PAC，$\therefore BC\perp AD$，$\therefore$ 而 $PC\perp AD$，$BC\cap PC=C$，$\therefore AD\perp$ 平面 PBC，$\therefore AD$ 就是 A 到平面 PBC 的距离. 易求得 $AC=2\sqrt{2}$，$PC=2\sqrt{6}$，有 $PC\cdot AD=AC\cdot AP$，即 $2\sqrt{6}AD=2\sqrt{2}\times4$，得 $AD=\frac{4\sqrt{3}}{3}$.

27. (1) $y=(400-x)\left(8+\frac{4}{50}x\right)$.

(2) $4\ 800=(400-x)\left(8+\frac{4}{50}x\right)=-\frac{4}{50}(x+100)(x-400)\Rightarrow x^2-300x+200=0\Rightarrow x_1=200$，$x_2=100$. 由题意知每台冰箱降价 200 元时，每天盈利 4 800 元.

(3) $y=(400-x)\left(8+\frac{4}{50}x\right)=-\frac{4}{50}(x^2-300x-40\ 000)=-\frac{4}{50}(x-150)^2+5\ 000$. 可见，每台冰箱降价 150 元时，商场每天利润最高为 5 000 元.

模拟试卷（十三）

第Ⅰ卷

一、选择题

1	2	3	4	5	6	7	8	9	10
D	A	A	B	D	C	B	B	A	B
11	12	13	14	15					
A	C	C	C	B					

第Ⅱ卷

二、填空题

16. 7.　17. <.　18. 65.　19. $\frac{4x^2}{9}-\frac{y^2}{4}=1$.　20. 10.

三、解答题

21. 解：$\because$ 函数 $f(x)=x^2+a|x|$ 过点 $(2,0)$，$\therefore 2^2+2a=0$，即 $a=-2$. 故 $f(x)=x^2-2|x|$.

(1) 显然函数 $f(x)$ 的定义域为 $\mathbf{R}$，即当 $x\in\mathbf{R}$ 时，$-x\in\mathbf{R}$. $\because f(-x)=(-x)^2-2|-x|=x^2-2|x|=f(x)$，$\therefore$ 函数 $f(x)=x^2-2|x|$ 是偶函数.

(2) 设 $0<x_1<x_2<1$，则 $|x_1|=x_1$，$|x_2|=x_2$，

则 $f(x_1)-f(x_2)=x_1^2-2|x_1|-(x_2^2-2|x_2|)=x_1^2-2x_1-x_2^2+2x_2=x_1^2-x_2^2-2x_1+2x_2=(x_1-x_2)(x_1+x_2)-2(x_1-x_2)=(x_1-x_2)(x_1+x_2-2)$.

$\because 0<x_1<1$，$0<x_2<1$，$\therefore 0<x_1+x_2<2$ 即 $x_1+x_2-2<0$.

$\because x_1<x_2$，$\therefore x_1-x_2<0$

$\therefore (x_1-x_2)(x_1+x_2-2)>0$ 即 $f(x_1)-f(x_2)>0$

$\therefore f(x_1)>f(x_2)$

$\therefore$ 函数 $f(x)$ 在区间 $(0,1)$ 上是减函数.

22. 解：（1）∵ 不计复利，∴ $y=100+100\times0.36\%x=100+0.36x$，（$x\in\mathbf{N}^*$），当 $x=5$ 时，$y=100+0.36\times5=101.8$，

∴ 本金与利息的和 y（元）与所存月数 x 之间的函数关系式是 $y=100+0.36x$（$x\in\mathbf{N}^*$），5 个月后的本利和是 101.8 元.

（2）设每期本利和构成数列 $\{a_n\}$，则该数列成等比数列，且

∵ $a_1=a(1+r)$，公比 $q=1+r$，∴ $y=a_n=a(1+r)(1+r)^{x-1}=a(1+r)^x$，

当 $a=1\ 000$，$r=2.25\%$，$x=4$ 时，$y=1\ 000(1+0.025)^4=1\ 000\times1.025^4\approx1\ 104.601$.

∴ 本利和 y 随存期 x 变化的函数式是 $y=a(1+r)^x$，4 期后的本利和是 1 104.601 元.

23. 解：（1）∵ 函数 $f(x)=2\sin2x+2\sqrt{3}\sin x\cos x+a$（$a\in\mathbf{R}$）

$$=2\sin2x+\sqrt{3}\sin2x+a$$

$$=(2+\sqrt{3})\sin2x+a$$

∴ 函数 $f(x)$ 的最小正周期 $T=\frac{2\pi}{2}=\pi$.

（2）∵ 当 $-\frac{\pi}{2}+2k\pi\leqslant2x\leqslant\frac{\pi}{2}+2k\pi$，（$k\in\mathbf{Z}$）时，$f(x)$ 的值随 x 的增大而增大，

此时 $-\frac{\pi}{4}+k\pi\leqslant x\leqslant\frac{\pi}{4}+k\pi$，（$k\in\mathbf{Z}$）

∴ $f(x)$ 的单调增区间是 $\left[-\frac{\pi}{4}+k\pi,\ \frac{\pi}{4}+k\pi\right]$，（$k\in\mathbf{Z}$）.

（3）∵ 当 $x\in\left[0,\frac{\pi}{2}\right]$ 时，$f(x)$ 的最大值为 6，且 $f(x)$ 的周期为 π，

∴ $f(x)$ 取得最大值 6 时，x 的取值为 $\frac{\pi}{4}$.

∴ $(2+\sqrt{3})\sin\left(2\times\frac{\pi}{4}\right)+a=6$，∴ $a=4-\sqrt{3}$.

24. 解：（1）∵ 数列 $\{a_n\}$ 的前 n 项和为 $S_n=\frac{1}{3}(a_n-1)$，

∴ $S_1=a_1=\frac{1}{3}(a_1-1)$，解得 $a_1=-\frac{1}{2}$；$S_2=a_1+a_2=\frac{1}{3}(a_2-1)$，解得 $a_2=\frac{1}{4}$，

∴ $a_1=-\frac{1}{2}$，$a_2=\frac{1}{4}$.

（2）证明：∵ $a_n=S_n-S_{n-1}$，∴ $a_n=\frac{1}{3}(a_n-1)-\frac{1}{3}(a_{n-1}-1)$，可化为 $2a_n=-a_{n-1}$，即 $\frac{a_n}{a_{n-1}}=-\frac{1}{2}$，∴ 数列 $\{a_n\}$ 是公比为 $-\frac{1}{2}$ 的等比数列.

（3）∵ $a_n=-\frac{1}{2}\cdot\left(-\frac{1}{2}\right)^{n-1}=\left(-\frac{1}{2}\right)^n$，

∴ $b_n=\log_2(-1)^n\left(-\frac{1}{2}\right)^n=\log_2(-1)^n\left(-\frac{1}{2}\right)^n=-n$，

∵ $b_n-b_{n-1}=-n-[-(n-1)]=-1$，∴ 数列 $\{b_n\}$ 是公差为 -1 的等差数列，

∵ $b_1=-1$，$b_n=-n$，∴ 数列 $\{b_n\}$ 的前 n 项和公式 $T_n=\frac{n[-1+(-n)]}{2}=\frac{-n^2-n}{2}$.

25. （1）解：∵ O 为坐标原点，$B(-1,1)$，$C(5,4)$，$\overrightarrow{OE}=\frac{2}{3}\overrightarrow{OB}+\frac{1}{3}\overrightarrow{OC}$，

∴ $\overrightarrow{OE}=\frac{2}{3}\overrightarrow{OB}+\frac{1}{3}\overrightarrow{OC}=\frac{2}{3}(-1,1)+\frac{1}{3}(5,4)=(1,2)$，

即点 E 坐标为 $(1,2)$.

（2）证明：∵ $\overrightarrow{BE}=(1,2)-(-1,1)=(2,1)$，$\overrightarrow{BC}=(5,4)-(-1,1)=(6,3)$，

∴ $\overrightarrow{BE}=\frac{1}{3}\overrightarrow{BC}$，∴ $\overrightarrow{BE}/\!/\overrightarrow{BC}$.

（3）∵ $\overrightarrow{EA}=(-2,3)-(1,2)=(-3,1)$，$\overrightarrow{EC}=(5,4)-(1,2)=(4,2)$，

∴ $\overrightarrow{EA}\cdot\overrightarrow{EC}=(-3,1)\cdot(4,2)=-10$，

∵ $|\overrightarrow{EA}|=\sqrt{(-3)^2+1^2}=\sqrt{10}$，$|\overrightarrow{EC}|=\sqrt{4^2+2^2}=2\sqrt{5}$，

∴ $\cos<\overrightarrow{EA},\ \overrightarrow{EC}>=\frac{\overrightarrow{EA}\cdot\overrightarrow{EC}}{|\overrightarrow{EA}|\ |\overrightarrow{EC}|}=\frac{-10}{\sqrt{10}\cdot2\sqrt{5}}=-\frac{\sqrt{2}}{2}$，

∵ $<\overrightarrow{EA},\ \overrightarrow{EC}>\in[0,\ \pi]$，∴ $<\overrightarrow{EA},\ \overrightarrow{EC}>=\frac{3\pi}{4}$.

26. 解：（1）∵ 椭圆 C 的左、右焦点坐标分别是 $(-\sqrt{2},0)$，$(\sqrt{2},0)$，离心率是 $\frac{\sqrt{6}}{3}$，

∴ $c=\sqrt{2}$，$\frac{c}{a}=\frac{\sqrt{6}}{3}$，可解得 $a=\sqrt{3}$，$b=\sqrt{a^2-c^2}=1$，故所求椭圆 C 的方程是 $\frac{x^2}{3}+y^2=1$.

（2）∵ 圆 P 以线段 MN 为直径，而 MN 的方程是 $y=t$，

∴ 点 M、N 的坐标是下列方程组的解 $\begin{cases}y=t & ①,\\ \frac{x^2}{3}+y^2=1 & ②,\end{cases}$

把①代入②得 $x^2+3t^2=3$，解得 $x=\pm\sqrt{3-3t^2}$.

∵ 圆 P 与 x 轴相切，直线 $y=t$ 与 x 轴平行　∴ $\sqrt{3-3t^2}=t$，解之得：$t=\pm\frac{\sqrt{3}}{2}$.

∵ 椭圆关于 y 轴对称，∴ 圆心是 $\left(0,\pm\frac{\sqrt{3}}{2}\right)$，半径为 $\frac{\sqrt{3}}{2}$.

故所求圆 P 的标准方程是：$x^2+\left(x\pm\frac{\sqrt{3}}{2}\right)^2=\frac{3}{4}$.

27. （1）证明：∵ D，E，F 分别是 PA，PB，PC 的中点，∴ $DE/\!/AB$，$EF/\!/BC$，

$\because DE$ 与 EF 是平面 DEF 内两条相交直线，AB 与 BC 是平面 ABC 内两条相交直线.

$\therefore$ 平面 DEF // 平面 ABC.

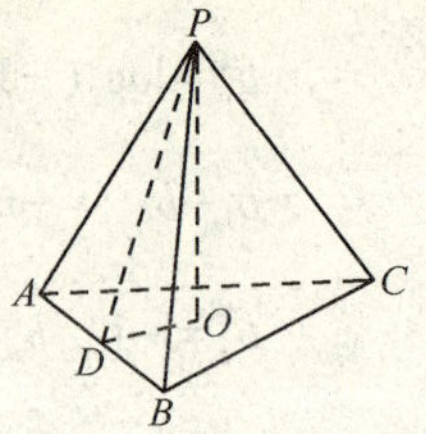

(2) $\because$ 正三棱锥底面是正三角形且周长为 6，$\therefore$ 地面边长均为 2，

$\because$ 正三棱锥侧面积为 $2\sqrt{3}$，$\therefore$ 侧面一个三角形的面积为 $\frac{2\sqrt{3}}{3}$，

设侧面三角形的高为 h'，则 $h'=\frac{2\sqrt{3}}{3}$，过点 P 作 $PO\perp$ 平面 ABC，垂足为 O；作 $PD\perp AB$ 于点 D，由三垂线定理可知：$OD\perp AB$，

$\therefore \angle PDO$ 是侧面与底面所成的角，

$\because OD=\frac{1}{3}\sqrt{2^2-1^2}=\frac{\sqrt{3}}{3}$，$\therefore \cos\angle PDO=\frac{OD}{PD}=\frac{\sqrt{3}}{3}\cdot\frac{3}{2\sqrt{3}}=\frac{1}{2}$.

$\therefore \angle PDO=60°$，故三棱锥侧面与底面所成角为 60°.

模拟综合试卷（十四）

第Ⅰ卷

一、选择题

1	2	3	4	5	6	7	8	9	10
C	B	B	C	C	C	D	C	C	B
11	12	13	14	15					
A	C	B	A	B					

第Ⅱ卷

二、填空题

16. -2 或 4.　17. 0.　18. 1.　19. 9 或 1.　20. 78.

三、解答题

21. (1) $f(x)=x-2$；(2) $x\in(1,5)$.

22. (1) $\angle C=45°$；(2) $S=\frac{3}{2}$.

23. (1) $D(-3,-2)$；(2) $-\frac{7\sqrt{58}}{58}$.

24. (1) $y^2=4x$；(2) 最小值为 4，$P(1,2)$.

25. (1) 公比 $=2$；(2) $a_n=2^{n+1}-3$；(3) $S_n=2^{n+2}-3n-4$.

26. 提示：

(1) 证 BC 垂直于 CF 和 CD；(2) 证 EF 垂直于平面 BCF；

(3) C 点到平面 BEF 的距离 $\Leftrightarrow C$ 到 BF 的距离等于 1；

(4) 取 BE 的中点 O，在 $\text{Rt}\triangle BEF$，$\triangle BCF$，$\triangle BDF$ 中，依直角三角形斜边上的中线等于斜边的一半知，五点 C、D、E、F、B 到 O 点的距离相等，$V_{球}=\frac{8\sqrt{2}\pi}{3}$.

模拟试卷（十五）

第Ⅰ卷

一、选择题

1	2	3	4	5	6	7	8	9	10
B	C	D	C	D	A	A	D	C	B
11	12	13	14	15					
D	B	B	A	C					

第Ⅱ卷

二、填空题

16. $2\sqrt{5}$.　17. $y=2.5x-10.5$ $(x\geqslant 15)$.　18. 6.　19. $\frac{x^2}{16}+\frac{y^2}{12}=1$.　20. -1.

三、解答题

21. 解：原式 $=2^{-1}\cdot\times 2^3+(\log_6 2+\log_6 3)-4\times\log_{\sqrt{2}}(\sqrt{2})^{-10}=4+1-4\times(-10)=45$.

22. 解：$\because \vec{a}=(3,-4)$，$\vec{b}=(2,x)$，且 $\vec{a}/\!/\vec{b}$，

$\therefore 3x-(-4)\times 2=0$，$\therefore x=-\frac{8}{3}$　$\therefore \vec{b}=\left(2,-\frac{8}{3}\right)$

$\because \vec{a}=(3,-4)$，$\vec{c}=(2,y)$，且 $\vec{a}\perp\vec{c}$，

$\therefore \vec{a}\cdot\vec{c}=3\times 2+(-4)y=0$，$\therefore y=\frac{3}{2}$，$\therefore \vec{c}=\left(2,\frac{3}{2}\right)$，

$\because \vec{b}\cdot\vec{c}=2\times 2+\left(-\frac{8}{3}\right)\times\frac{3}{2}=0$，

$\therefore \vec{b}\perp\vec{c}$，即 $\vec{b}$ 与 $\vec{c}$ 夹角为 90°.

23. 解：$\because \cos 2A=\frac{1}{3}$，$\therefore 1-2\sin^2 A=\frac{1}{3}$　即 $\sin^2 A=\frac{1}{3}$，

$\because \cos 2A>0$ 且 $2A\in(0,\pi)$，$\therefore 2A$ 为锐角，故 A 也为锐角，

$\therefore \sin A=\frac{\sqrt{3}}{3}$，$\cos A=\sqrt{1-\sin^2 A}=\sqrt{1-\frac{1}{3}}=\frac{\sqrt{6}}{3}$，

$\therefore \tan A=\frac{\sin A}{\cos A}=\frac{\sqrt{2}}{2}$，

$\therefore S_{\triangle ABC}=\frac{1}{2}AB\cdot AC\sin A=\frac{1}{2}\times 3\times 2\times\frac{\sqrt{3}}{3}=\sqrt{3}$.

24. 解：（1）由题意知每年的出口量构成等比数列，且首项 $a_1=a$，公比 $q=1-10\%=0.9$，

$\therefore a_n=a0.9^{n-1}$.

（2）10 年出口总量 $S_{10}=\frac{a(1-0.9^{10})}{1-0.9}=10a(1-0.9^{10})$，

$\because S_{10}\leqslant 80$，$\therefore 10a(1-0.9^{10})\leqslant 80$，即 $a\leqslant\frac{8}{1-0.9^{10}}$

$\therefore a\leqslant 12.3$. 故 2010 年最多出口 12.3 吨.

25. 解：（1）$\because$ 圆 $x^2+y^2-10y=0$ 化为标准方程是 $x^2+(y-5)^2=25$，

$\therefore$ 圆心是 $(0,5)$，$\therefore$ 双曲线的一个焦点为 $(0,5)$，即 $c=5$，

$\because$ 双曲线一条渐近线为 $y=\frac{3}{4}$，$\therefore \frac{b}{a}=\frac{3}{4}$，令 $a=3k$，$b=4k$ $(k>0)$，

$\because a^2+b^2=c^2$，即 $9k^2+16k^2=25$，$\therefore k^2=1$，即 $k=1$，

$\therefore a=3$，$b=4$，

$\therefore$ 双曲线的标准方程是 $\frac{y^2}{9}-\frac{x^2}{16}=1$.

（2）若斜率非负的直线 l 的斜率为 k，

$\because l$ 与 $y=\frac{3}{4}x$ 夹角为 45°，$\therefore \left|\frac{k-\frac{3}{4}}{1+\frac{3}{4}k}\right|=\tan 45°=1$，

$\therefore k-\frac{3}{4}=1+\frac{3}{4}k$ 或 $k-\frac{3}{4}=-1-\frac{3}{4}k$，$\therefore k=7$ 或 $k=-\frac{1}{7}$（舍去），

$\because l$ 过点 $(1,7)$，

$\therefore$ 直线 l 的方程是 $y-7=7(x-1)$，即 $7x-y=0$.

26. （1）证明：连接 CF、SF，

$\because AC=BC$，$SA=SB$，$\therefore CF\perp AB$，$SF\perp AB$，

$\because CF\cap SF=F$，$\therefore AB\perp$ 平面 SFC，

$\because SC\subseteq$ 平面 SFC，$\therefore SC\perp AB$.

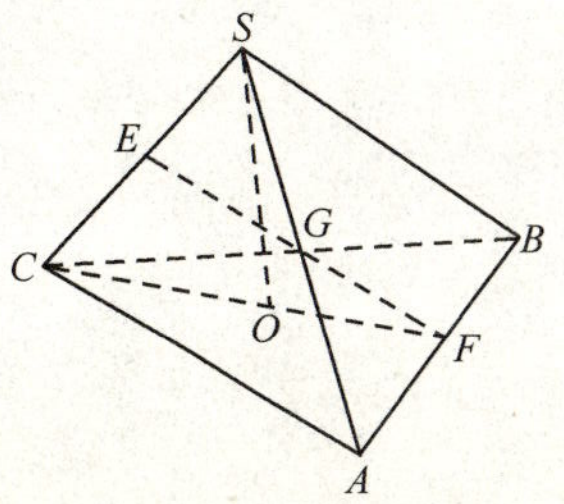

（2）解：设 G 为 SB 中点，则 $FG \mathrel{\underline{\mathbin{/\!/}}} \frac{1}{2}SA$，$EG \mathrel{\underline{\mathbin{/\!/}}} \frac{1}{2}CB$，

故 EF 与 FG 所成角就是 SA 与 EF 所成的角，

$\because$ 正三棱锥 $S-ABC$ 的侧棱与底面边长都为 6，

$\therefore EG=FG=\frac{1}{2}\times 6=3$，

$\because EF=\sqrt{AE^2-AF^2}=\sqrt{AC^2-CE^2-AF^2}=\sqrt{6^2-3^2-3^2}=3\sqrt{2}$，

$\therefore \cos\angle EFG=\frac{EF^2+GF^2-EG^2}{2\cdot EF\cdot GF}=\frac{18+9-9}{2\cdot 3\sqrt{2}\cdot 3}=\frac{\sqrt{2}}{2}$，

$\therefore \angle EFG=45°$，即 SA 与 EF 所成角为 45°.

（3）解：$\because AB\perp$ 平面 SFC，$\therefore \angle SFC$ 为侧面与底面所成的角，

$\because SF=CF=\sqrt{SA^2-AF^2}=\sqrt{6^2-3^2}=3\sqrt{3}$，

$\therefore \cos\angle SFC=\frac{CF^2+SF^2-SC^2}{2\cdot CF\cdot SF}=\frac{(3\sqrt{3})^3+(3\sqrt{3})^3-6^2}{2\cdot 3\sqrt{3}\cdot 3\sqrt{3}}=\frac{1}{3}$，

$\therefore$ 正三棱锥侧面与底面所成角的余弦值是 $\frac{1}{3}$.

（4）解：过顶点 S 作 $SO\perp CF$ 于点 O，

$\because AB\perp$ 平面 SFC，$\therefore$ 平面 $ABC\perp$ 平面 CFS，

$\because$ 平面 $ABC\cap$ 平面 $CFS=CF$，$\therefore SO\perp$ 平面 ABC，即 SO 为三棱锥的高，

$\because SA=SB=SC$，$\therefore OA=OB=OC$，即 O 是正三角形 ABC 的重心，

$\because SO=\sqrt{SF^2-OF^2}=\sqrt{SF^2-\left(\frac{1}{3}CF\right)^2}=\sqrt{(3\sqrt{3})^2-\frac{1}{9}\times(3\sqrt{3})^2}=2\sqrt{6}$，

$\therefore V_{S-ABC}=\frac{1}{3}\cdot S_{\triangle ABC}\cdot SQ=\frac{1}{3}\cdot\frac{1}{2}\cdot 6\cdot 6\cdot\frac{\sqrt{3}}{2}\cdot 2\sqrt{6}=18\sqrt{2}$，

$\therefore$ 正三棱锥 $S-ABC$ 的体积是 $18\sqrt{2}$.

举报电话：（010）88254396；（010）88258888

传　　真：（010）88254397

E-mail：　dbqq@phei. com. cn

通信地址：北京市海淀区万寿路 173 信箱

　　　　　电子工业出版社总编办公室

邮　　编：100036